“山西八大文化品牌”丛书

编 委 会

本册作者：武献民　张惠芝　杨云山

编委会主任　胡苏平　　丛书主编　卢　昆

"山西八大文化品牌"丛书

佛教圣地

武献民 张惠芝 杨云山 著

山西出版传媒集团　山西人民出版社

序

山西省委常委、宣传部长　胡苏平

“山西八大文化品牌”丛书就要同大家见面了。这套丛书是应广大读者的愿望，在《山西八大文化品牌》基础上改版而成的，旨在让读者更方便地阅读、研究和使用，进而更好地发挥其作用。

党的十八大以来，党中央高度重视弘扬中华优秀传统文化。习近平总书记深刻指出，没有中华文化繁荣兴盛，就没有中华民族伟大复兴。要求系统梳理传统文化资源，让收藏在禁宫里的文物、陈列在广阔大地上的遗产、书写在古籍里的文字都活起来。山西省委、省政府和各级宣传文化部门，以高度的文化自觉和文化自信，深入挖掘研究、宣传推介以“三个一”（即一座都城——襄汾约4500年前的陶寺遗址，一堆圣火——芮城约180万年前的西侯度文化遗址，一缕曙光——垣曲约4500万年前的“世纪曙猿”化石）和“三个文化”（即源远流长的法治文化，博大精深的廉政文化，光耀千秋的红色文化）为代表的优秀传统文化，推出了一批有价值、有影响的成果。在已有成果的基础上，编辑出版“山西八大文化品牌”丛书就是其中一项重要的工作。

山西历史悠久，人文荟萃，是华夏文明的重要发祥地。在五千年的历史变迁中，山西积淀生成了非常丰厚的文化资源。这些资源，是哺育和激励一代又一代山西人奋力前行的宝贵财富。如何挖掘、梳理这些宝贵财富，提炼出有代表性、有影响力的文化符号，并逐渐塑造成文化品牌，是我们在推动文化旅游产业发展和文化强省建设中，迫切需要解决的重大课题。“山西八大文化品牌”丛书在这方面进行了

富有价值的思考和探索，做出了积极的贡献。全书从山西文化的特色和亮点切入，重点对华夏之根、黄河之魂、晋商家园、关公故里、佛教圣地、古建瑰宝、边塞风情和抗战文化等八大文化品牌，进行了比较系统的研究，并着眼于山西全面建成小康社会决胜阶段改革发展和文化建设的实际，提出了将这些资源优势转化为发展优势的有益建议。可以说，这套丛书为读者深层次地了解、认识山西文化打开了一条便捷的通道，也为发掘展示、传承弘扬山西优秀传统文化，树立山西的良好形象，提供了翔实的资料。总体来看，这套丛书推介的八大文化品牌，都具有比较鲜明的特色：一是独特性。它们体现了独具特色的文化内涵，有的甚至在人类文明的发展进程中是独领风骚、不可或缺的，其文化品格不同凡响、不可替代；二是地域性。这些文化形态是在三晋这块古老的土地上形成、发展、光大的，具有鲜明的地域文化色彩；三是丰富性。其表现形态，既体现在文化遗产存留的物质载体中，更体现在形式多样的非物质文化遗产中；既具有品质卓绝的物质遗存，更具有非常生动的精神文化内涵；不仅是对人类文明发展进程的历史性呈现与记录，同时也对当今时代具有非常重要的现实意义。

文化建设，功在当代，利在千秋。传承弘扬优秀传统文化，任重而道远。衷心希望社会各界有识之士，加入到山西优秀传统文化的发掘、研究中来，推出更多有深度、有分量的成果，为山西文化、中华文化的繁荣兴盛作贡献。

目　录

品牌定位

品牌内涵

品牌亮点

山西省政区交通图

比例尺:1:3 200 000

山西省地形图

比例尺:1:3 200 000

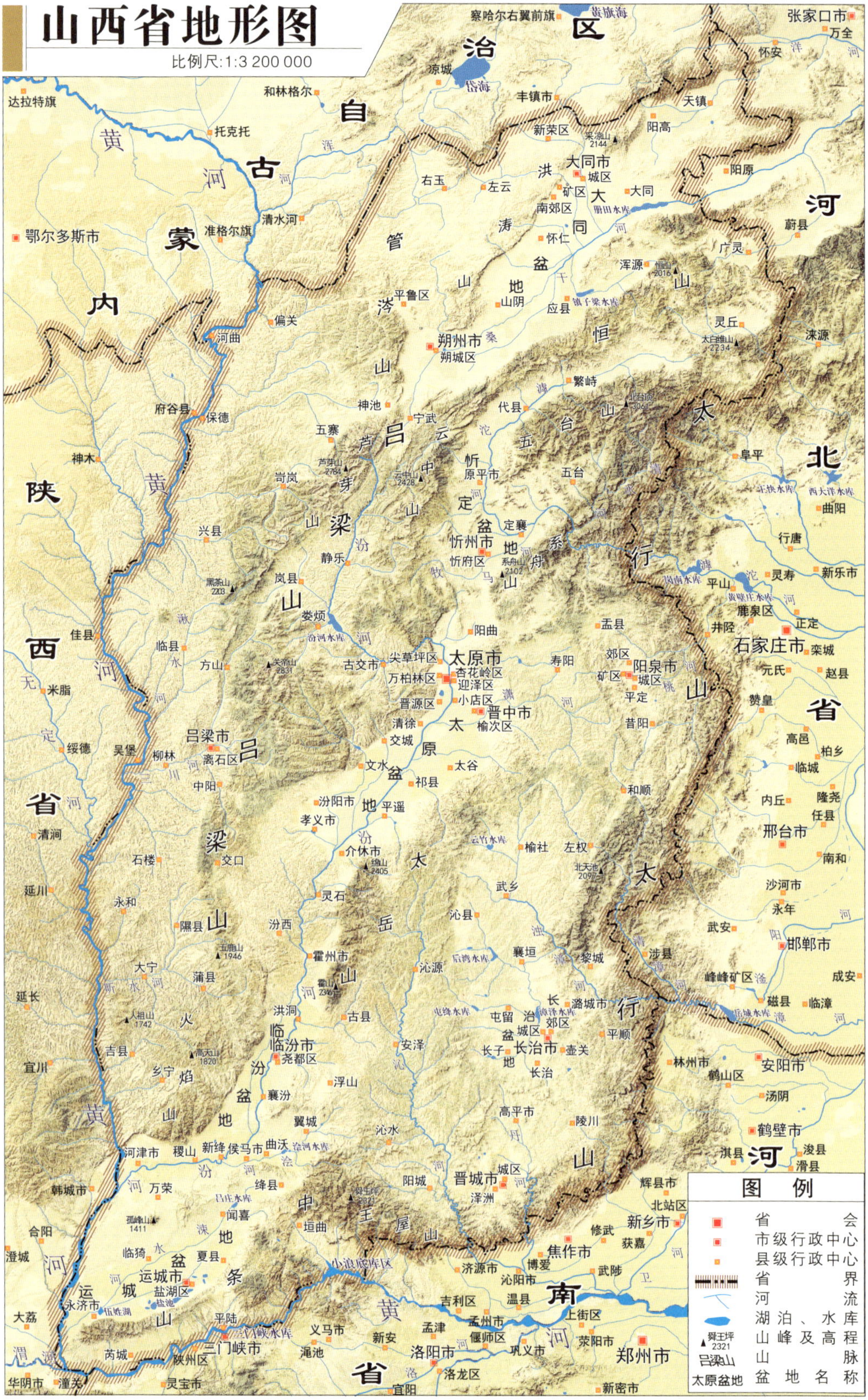

在中国佛教文化园地里，山西格外光辉夺目。佛教伴随着三晋文化的兴起而兴起，发展而发展。翻开山西漫长的历史画卷，自佛教传入以来，每一页都弥漫着佛教中国化、山西化的香火。以五台山为代表的山西佛教文化，是中国佛教文化、世界佛教文化发展的重要基地之一，形成佛教圣地文化品牌的天然优势。这种现象，在一定意义上也和山西的历史文化传统以及社会政治背景有着深刻的内在联系。

“佛教圣地”文化遗存分布

比例尺:1:3 200 000

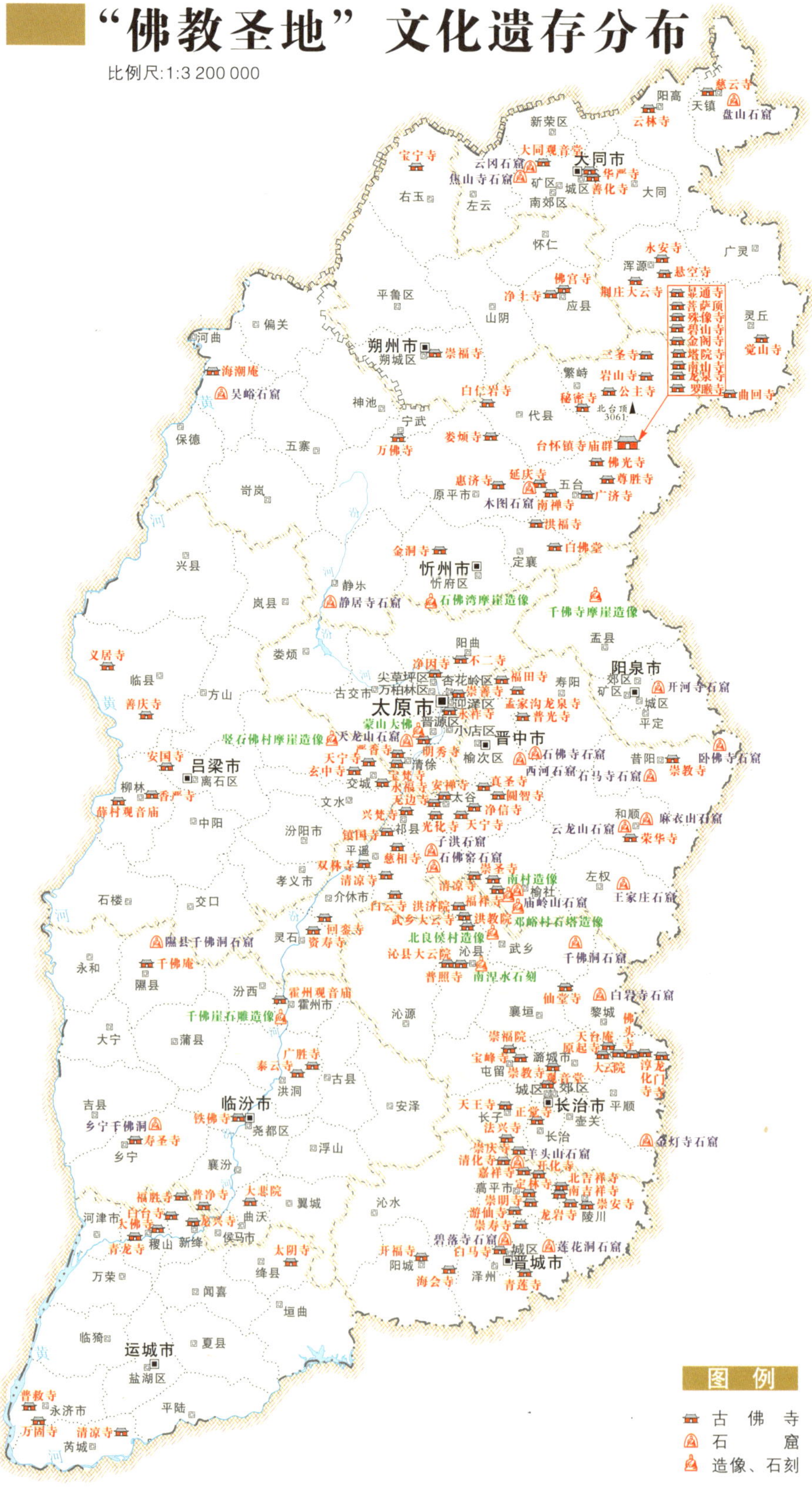

PINPAIDINGWEI 品牌定位

佛教与基督教、伊斯兰教并称为世界三大宗教。佛教起始于印度，但可以说，第二故乡是中国。一是佛教传入中国后，经过历代高僧研发弘扬，形成了更为完备的体系，衍生出更多的派别；二是中国成为现在世界一些国家佛教主流的传播发源地，日本、韩国、朝鲜等东南亚各国，乃至欧美的佛教，基本上都是从中国传播出去的。

五台山全景

从目前中国佛教文化遗存的质量、数量、内涵等方面看，山西的佛教文化占有很大分量，至今仍然产生着重大影响。“民族融合炼炉”的地缘位置，“社会变革思想库”的文化积淀，“表里山河”的特殊地形，使佛教文化在山西的传播发展丰富多彩、连续性强、遗存厚重。从总体上看，山西佛教文化是世界佛教文化传承的典范、中国佛教文化发展历程的标本。

五台山是全球文殊崇拜的圣地

五台山作为文殊菩萨的道场，历史悠久。文献记载，东汉永平七年（64），因明帝夜梦金人，遣使蔡愔等18人，西去求经，在大月氏国遇到迦叶摩腾、竺法兰两位法师，迎归洛阳，在白马寺译出《四十二章经》，是为佛教正式传入中国的开始。《清山志》记载，永平十一年（68），迦叶摩腾和竺法兰到了清山，即现在的五台山，感到这个清山与《华严经·菩萨住处品》中提到的清山很相像。《华严经·菩萨住处品》说，在东北，有个叫做清山的地方，那里有菩萨叫做文殊师利，他和他的眷属及诸多菩萨共1万人，常在山中演说法理。迦叶摩腾和竺法兰根据这一记载，便认定清山乃文殊菩萨弘法处。在这里，两位高僧不仅发现山里很早就有阿育王的舍利塔，而且还发现了“在大塔左侧，有释迦牟尼佛所遗足迹，其长一尺六寸，广六寸，千幅轮相，十指皆现”（《清山志》）。依据这些事实，他们奏请汉明帝在此建寺。汉明帝马上批准。寺庙建成后，迦叶摩腾和竺法兰根据五台山山势奇伟，与印度境内释迦佛修行处的灵鹫山十分类似，便取名灵鹫寺。汉明帝为了表示弘信佛法，乃加“大孚”，即大力弘扬之意，因而寺院的全名变为“大孚灵鹫寺”，与洛阳的白马寺一起成为中国最早的佛教寺院。大孚灵鹫寺就是如今五台山显通寺的前身。

晨课

文殊信仰以文殊菩萨为供养偶像，以般若智慧为修行法门。文殊菩萨即文殊师利或曼殊室利，释迦牟尼佛的左胁侍菩萨，代表聪明智慧。文殊菩萨的名字意译为“妙吉祥”。文殊或曼殊，意为美妙、雅致、可爱；师利或室利，意为吉祥、美观、庄严。文殊菩萨是佛教中最受尊崇、社会上最为普及的大菩萨，因德才超群，居菩萨之首，故称法王子。文殊菩萨通过五台山道场显示了他的五种智慧：大圆镜智；妙观察智；平等性智；成所作智；法界体性智。

唐代宗时期，文殊菩萨被尊为诸佛之师（皆见于《法华经·序品》和《大乐理趣释》）。唐代宗亦有类似御文：“大圣文殊师利菩萨，法王之子，威德特尊，为诸佛之导师。洗群生之心目，康我兆庶，是拯无边，不有尊崇，人何瞻仰？”自西晋竺法护所译的《法华经》，使救苦救难的观音菩萨首次尊驾于中国，观音菩萨在中土信众的地位向来很高，而普贤菩萨在瑜伽密教中之地位和影响早就达到顶峰，而以普贤、观音执拂侍奉文殊，则佛传汉以来，殊为罕有。唐代宗时期，不空即以普贤、观音执拂侍奉文殊，并在全国寺院进行了推广，不空认为此“乃天竺国皆然，非僧等鄙见，仍请永为恒式”，文殊信仰自此勃兴。

五台山的文殊信仰与密宗的发展密不可分。文殊现迹中华的一乘典语，出自《文殊师利法宝藏陀罗尼经》。文殊在大振那国五顶止住的释迦牟尼悬记，成为五台山作为文殊菩萨道场的文献依据之

朝拜圣境

一。作为汉传密宗祖师，不空倡导的真言门使文殊信仰具有了修持法门的意义。唐永泰二年（766），不空上表奏请在五台山遵衢州僧道义所见文殊金阁院圣迹建造金阁寺，“将满先圣御额，终成道义感通。观夫此僧志愿非小，或谓文殊所假，俾树胜因”。寺成之后，不空又上表言“文殊圣迹，自古攸仰。今遇陛下，特更增修，精建伽蓝，恩命稠迭。是可百神潜佑，万圣来归。灵踪建兴，于斯为盛”。文殊菩萨“今镇在台山，福滋兆庶”。唐代宗亦言文殊菩萨“慈悲道深，弘济功远，故令释众同此归依”。金阁寺遂为汉传佛教密宗之祖庭。

不空奉文殊菩萨为密宗初祖，认为“大圣文殊师利菩萨，大乘密教皆周流演”。

文殊信仰之于五台山，一灵一境，一法一相如此天然地融为一体，则得益于历代高僧大德在五台山的弘法愿行。讲《华严经》达50遍、一生著有《华严经疏》等书400余卷的澄观法师，被尊为华严宗四祖。自唐大历十一年（776）开始，澄观法师就驻锡五台山大华严寺，专行方等忏法，同时开讲《华严经》并发愿撰作新疏。从兴元元年（784）开始，澄观法师陆续撰成《华严经疏》、《十方广佛华严经随疏演义钞》、《贞元新译华严经疏》（后世把疏、钞合刊，略称《华严经疏钞》），因此有“华严疏主”之称。贞元十二年（796），澄观法师奉诏入京在宫内宣讲《华严经》，被誉为“生历九朝，七帝门师”，授“清国师”称号。随着《华严经》等大乘经典在中国的深入传播，作为“华严三圣”之一的文殊菩萨更加深入信众之心，五台山成为佛教信众朝拜圣地。澄观国师曰：“清山，

五台山显通寺

即代州雁门郡五台山也，于中现有清寺。以岁积坚冰，夏仍飞雪，曾无炎暑，故清。五峰耸出，顶无林木，有如垒土之台，故曰五台，表我大圣五智已圆，五眼已净，总五部之真秘，洞五阴之真源，故首戴五佛之冠，顶分五方之髻，运五乘之要，清五浊之灾矣。”（《大方广佛华严经疏·诸菩萨住处品》）

五台山文殊信仰不断超越着僧俗、宗派、民族、疆域，展现其魅力。据藏史载，7 世纪初叶，松赞干布在五台山兴建寺庙。唐长庆四年（824），十分崇奉文殊信仰的吐蕃统治者，派使者到唐王朝求取五台山图，存于敦煌。现存敦煌壁画中，仍有 12 幅《五台山图》。藏传佛教对五台山文殊菩萨的崇奉，丰富和加深了五台山文殊信仰的内涵与基础。元代尊为帝师的藏传佛教萨迦派四祖

远眺菩萨顶

萨迦班智达、五祖八思巴均被认为是文殊菩萨的化身，1257 年八思巴奉忽必烈之命朝拜五台山。明成祖迎请噶举派教主噶玛巴四世进京，供奉后，驻锡五台山显通寺，并赐如来大宝法王的封号。继大宝法王之后，受封于明朝的大乘法王和大慈法王均虔诚地朝拜五台山。格鲁派开宗祖师宗喀巴也被认为是文殊菩萨的化身，这位大慈法王的亲传大弟子绛钦却杰，于明宣德年间驻锡五台山，弘传黄教。清代雍正的国师格鲁派活佛三世章嘉若比多吉则驻锡于五台山镇海寺。

以五台山为中心的文殊信仰，自唐宋开始，逐步传播到日本、朝鲜、韩国、尼泊尔、泰国等世界各国。唐贞观年间，新罗高僧慈藏来五台山求法，归国后将溟州白头山之大根脉改名为五台山，后孝昭王又在五座台顶上建造了文殊院。唐宋时期，日本僧人至五台山求法不绝。唐宣宗时期，日僧圆仁学成归国，以五台山大华严寺为楷模，在比睿山延历寺建造文殊楼。宋太平兴国年间，日僧成算归国后，改称爱宕山为五台山，改称栖霞寺内的释迦堂为清寺。五台山，在世界上成为文殊信仰的别名。世界各国的文殊崇拜信徒，经常来五台山学习文殊智慧，研究般若经典。这种传统一直沿袭至今。

以五台山文殊信仰为标志的世界性仿建形构，也充分体现了各民族之间的佛教融合，今天，五台山的文殊信仰在世界各地愈加兴盛。

玄中寺是佛教净土宗的世界祖庭

佛教的净土宗由昙鸾奠基，道绰与善导完成，主要是在山西大地上形成发展起来的。

慧远大力宣扬佛教的因果报应说，曾经对中国佛教净土宗思想的产生起了先导作用。因此，唐宋以后的一些净土宗僧人尊奉慧远

玄中寺

为中国净土宗初祖。

阿弥陀佛净土作为一种独立的信仰，真正开始于北魏时期的昙鸾。据记载，北魏孝庄帝永安年间，昙鸾根据菩提流支所译的《观无量寿经》，著有《往生论注》等佛教经典，首次强调了持名念佛的重要性，提出恶人和其他众人一样，可借持念阿弥陀佛名号而获得净土往生。应该说，是昙鸾真正创立了佛教净土宗派。昙鸾对净土念佛的大力弘扬，得到民众的积极响应，民众纷纷皈依，名声大震。北魏分裂后，东魏开国君主孝静帝对昙鸾十分崇敬，尊称他为“神昙”，并下敕令要他住持并州大寺。后来昙鸾移住今交城县玄中寺,致力于净土理念的弘扬和讲经授徒。从此，玄中寺成为传播净土信仰的中心。昙鸾之后，在中国持念阿弥陀佛成为净土宗最重要的修行法门。到唐代，昙鸾的再传弟子、山西文水人道绰，继续在玄中寺传道。高僧道绰安居于交城石壁玄中寺，决心要继承昙鸾开创的念佛法门。道绰专修持名念佛，每日要念 7 万遍佛号，并时时不忘劝人念阿弥陀佛圣名。道绰携善导把净土法门的主要修持方式从观想念佛过渡到了持名念佛，此后 1000 多年来，弘扬净土的高僧大德,都没有违背这一宗旨。在他们的推动下，净土修行以更简易、更贴近底层的面貌深入民间，使净土宗的发

展达到了一个极盛时期。宋代之后，净土宗逐渐将其他宗派吸纳其中，对汉传佛教产生了深远影响。到了明朝，汉传佛教已形成禅宗和净土宗两宗独秀的局面，此时的禅宗已经受到净土宗强烈的影响，出现“禅净合一”的理论。清代，全国形成了净土宗独盛的局面。

唐代时，日本高僧圆仁来中国学习佛教的天台宗和密宗教义，同时也学习了净土宗教义，把净土宗传到了日本。日本高僧源空（号法然）建立了日本净土宗，其弟子源信（号视鸾）又创立了净土真宗。这两个宗派的信徒、弟子，都尊中国的昙鸾、道绰、善导等为祖师，把玄中寺奉为祖庭。

今天凡日本这两个宗派的佛教弟子来中国参观、访问，皆要参拜交城玄中寺。1983 年 3 月，日本佛教净土宗菅原惠庆长老的部分遗骨安放在玄中寺。

在中国，净土宗不以昙鸾为祖师，反而首推慧远，大概与中国佛教中心以及经济重心逐渐南移相关联。细究慧远，其出生亦为山西雁门人，师从中国中观般若学的先驱道安，慧远亦是中观般若学大师。慧远并不是专修净土的僧人，当时也没有立宗的意图。他在庐山隐居 30 余年，前期专研阿毗达摩，后期则专研禅定之术。慧远依念佛三昧而见佛的观想修法，与昙鸾开创的净土思想及其后世净土宗的持名念佛，是有极大区别的。受昙鸾的影响，后世净土宗尊龙树为印度初祖，世亲为二祖。

实事求是地说，正是由于昙鸾的因缘，山西成为净土宗的发祥地，成为净土宗的祖庭。

山西是最早佛教中国化的区域

宗教存在的价值在于能够满足一定社会文化的需求和人类精神的寄托，不能与时俱进的宗教是没有生命力的。宗教本身需要不断适应自然生态环境、社会生态环境和民族生态文化。

云冈石窟的开凿标志着佛教中国化的社会肇始。魏文成帝拓跋复兴佛教的第二年（453），高僧昙曜奉诏由凉州移居平城（今山西大同市），开凿云冈石窟，经北魏兴安二年（453）至太和十九年（495）最终告竣。云冈石窟第一期工程开凿为五大洞窟，即后

昙曜广场

云冈石窟雕像

世所称“昙曜五窟”。《魏书·释老志》载：“沙门昙曜白帝，于京城西武州塞凿山岩壁，开凿五所，镌建佛像各一，高七十尺，次六十尺。雕饰奇伟，冠于一时。”石窟完工半个世纪后，郦道元游览了这一处人间胜境：“武周川水又东南流，水侧有石抵洹舍并诸窟室，比丘尼所居也。其水又东转灵岩，凿石开山，因崖结构，真容巨壮，世法所稀。山堂水殿，烟寺相望，林渊锦镜，缀目新眺。”（《水经注》）昙曜五窟（今16–20窟），是云冈石窟开凿最早、气魄最为宏大瑰丽的窟群，为云冈石窟艺术之精华。

昙曜五窟的石窟中央皆雕刻了巨大的如来佛像，但象征的却是北魏五朝皇帝，表达了北魏皇帝是如来佛的化身，神授天职，其皇权既至高无上又统驭无限之意。一般认为第十六窟为当时在位的第四代皇帝文成帝，其大佛脸上和脚部都各嵌一黑石，与文成帝身上的黑痣部位完全吻合；第十七窟的交脚菩萨代表太武帝之子——尚未即位就死去的景穆帝；第十八窟是第二代明元帝；第十九窟主尊代表开国皇帝拓跋；第二十窟代表第三代太武帝。所以，第十九窟成为昙曜五窟的中心窟。五窟大佛周围雕刻着许多大小不等的佛像，簇拥着大佛，象征着北魏的群臣，而那些状如侏儒的矮小人像，则象征着民众和奴隶。这俨然是一幅封建统治的景象。

云冈石窟初期造像，尽管主要风格还带有犍陀罗及笈多王朝的色彩，佛像蓄须，发如螺形，两眉之间有白毫相以及眼窝较深、鼻子较高等，但大佛容貌稚气亲切、世俗可人，脸形五官汉人化明显，更接近中国人的体貌特征。大多数佛菩萨服饰近似于汉地流行衣着，佛陀甚至披上了中国士人的褒衣博带。在雕造技艺和石窟主要结构

云冈石窟雕像

上，云冈石窟继承和发展了我国秦汉以来的优秀传统。云冈中期石窟出现了中国宫殿建筑式雕刻，以及在此基础上形成了中国式佛像龛，此形制在后世的石窟寺建造中得到普遍推广，敦煌莫高窟、龙门石窟在北魏时期的造像均不同程度地受到云冈石窟的影响。云冈晚期石窟的窟室布局和装饰，更为充分地运用了中国式木构建筑装饰手法，“人字披”以及梁椽、斗拱结构体系等大量采用在石窟寺的构造细节上。民族化、世俗化在云冈石窟造像中大胆而充分的追求与展现，前所未有地实现了多种佛教艺术造像风格在云冈石窟的融会贯通。云冈石窟，形象地表达了佛教中国化发端与深入的历史性过程。

两晋南北朝时期中国的禅学发展迅速。石窟是僧侣们静心坐禅、研讨佛教中国化的绝佳场所。云冈窟寺承载了这一历史使命，成为僧侣禅修的理想选择。史载，昙曜受益于云冈石窟聚集的一批佛教大德，其翻译的《付法藏因缘传》在中国禅宗史上发挥了极其重要的作用。禅宗，是佛教中国化最为纯粹的一个宗派。当时禅门各派对传法世系各依所据，争论不休，说法不一，譬如有天台宗《法藏传》的 24 祖等之说。宋代契嵩依据《付法藏因缘传》，确定禅宗上接释迦牟尼的弟子摩诃迦叶，下接印度第 28 祖菩提达摩。契嵩之说被后世作为禅宗祖系传承的定论载入史册。云冈石窟的《付法藏因缘传》对后世禅宗的文献学意义巨大而深远。

北魏政权集团能够崇奉佛教并倾以财力，既源于北魏时代高僧群体殚精竭虑的弘法传教，也与印度佛教在这个时期开始起步并初步取得了佛学中国化的成就密不可分。被道武帝和明元帝尊

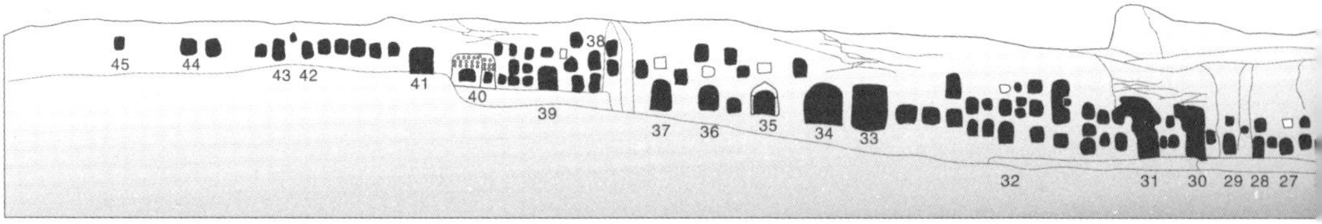

云冈石窟（西区）

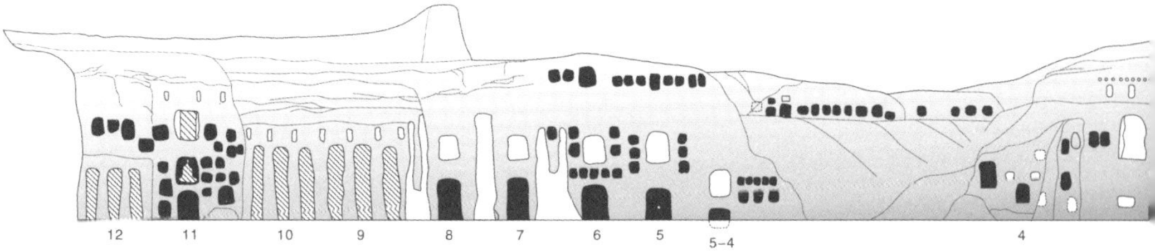

云冈石窟（东区）

为国师的高僧法果，首次提出了“皇帝即当今如来”的思想，而且身体力行，把这种理念付诸自己及其带领僧众共同参拜当朝皇帝的行动上来，成为佛教传法史上拜世俗皇帝的第一人。作为当朝僧统，对僧众礼拜皇帝，法果认为是“沙门宜应尽礼”，认为“能鸿道者即为人主，我非拜天子，乃礼佛也”（《魏书·释老志》卷一一四）。

山西佛教文化具有国际性

山西的佛教文化体现出世界佛教各宗派的发展演变过程，显示出佛教文化在各个历史时期进入不同国度的特点。

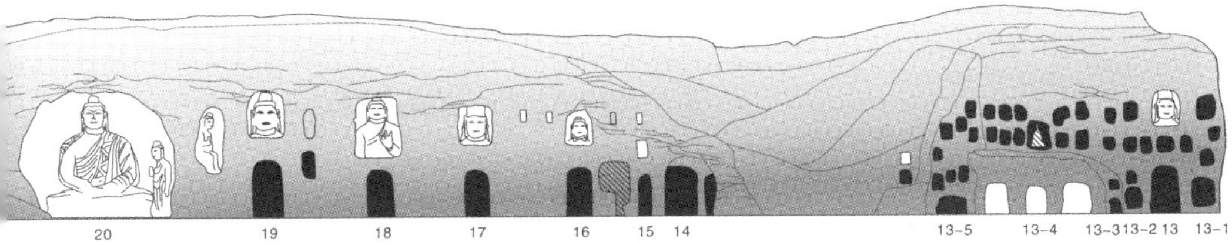

云冈石窟示意图（西区）

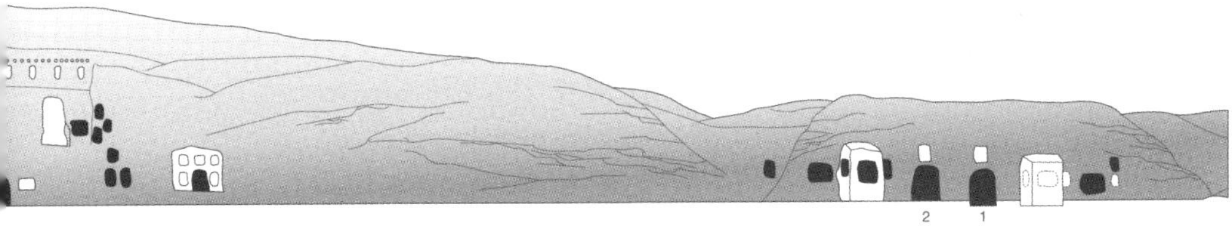

云冈石窟示意图（东区）

载体具有国际性

佛教文化在山西的传播、发展过程中，印度、斯里兰卡等国家的高僧起了积极作用。山西佛教文化传播和发展的历史，就是国内外高僧共同努力传播和创新佛教文化的辉煌历程。

东汉初年，印度高僧迦叶摩腾和竺法兰，来到山西境内的清山建寺，弘扬佛法，因之也使五台山开始成为中国最早的佛教中心。北朝时期，著名的印度高僧佛图澄得到后赵石勒政权的大力支持，在山西境内弘扬佛法、广收门徒，以至魏晋时期佛门高师名僧多出其门下，其中法济、支昙、慧远、法显、昙鸾等都是山西人氏。楼烦人慧远，与鸠摩罗什一起被后世佛界奉为泰山北斗，平阳人法显

塔院寺白塔

则是中国历史上赴印度、斯里兰卡访学的第一人，著有《佛国记》（也称《法显传》）。

唐代五台山“文殊信仰”的普及，与斯里兰卡高僧不空三藏及华严四祖清国师澄观的弘扬密切相关。

此外，一些高僧还借鉴国外建筑艺术，主持修建晋地的一些著名寺院。如五台山金阁寺，就是由当时印度那烂陀寺的高僧纯陀法师于唐代宗大历年间（766—779）仿照印度著名的那烂陀寺设计、监修的。五台山塔院寺内的高耸入云的尼泊尔式的大白塔，始建于元大德五年（1301），是尼泊尔匠师阿尼哥设计建造的又一杰作。

交流具有国际性

公元前6世纪至公元前5世纪，佛教在印度恒河流域创立，之后不久就向周边国家传播。其中向北一路传至中亚各国，并越过葱岭进入中国西域地区。汉代打通了内地与西域的交通后，佛教又沿着丝绸之路逐渐向中国内地传播，山西地区出现佛教。魏晋南北朝时，印度佛教向中国文化圈的推进势头由弱转强。它不但已为当时的中国人所接受，而且中国佛教徒还发挥主动精神，发起西行求法运动。山西僧人在这个过程中做出了积极贡献，有力地促进了中印佛教文化交流。隋唐时期，随着佛教中国化的完成，佛教又由中国本土向东扩散。东北一路传至朝鲜、日本；东南一路传至越南，逐渐形成了中国佛教文化圈。山西的玄中寺，成为世界净土宗的祖庭。

中外佛教文化交流的历史表明，中国文化自古以来，就有对外来文化兼容并包的恢廓胸襟，这不但是它具有强大生命力的表现，也是它能够繁荣发展的重要原因。中国文化一方面善于吸收和融合外来文化，另一方面又充满自信地走向世界，在全人类文化中显示了它的独特价值。

法显等山西高僧西行求法

佛教东来后，中国佛教徒并不满足于西域僧人的传译，决意西出阳关，直探百尺竿头，于是发起西行求法运动。

法显

曹魏朱士行是中国西行求法第一人。朱士行后，逐渐形成一股西行求法的高潮，其中最有影响者为东晋时出国访学的法显和尚。法显，俗姓龚，平阳武阳（今山西临汾附近）人，后秦弘始元年（399）法显以 62 岁高龄启程西行，与同学慧景、道整、慧嵬、慧达五人从长安出发，往印度寻求戒本。进至张掖，与智严、慧简、僧绍、宝云、僧景等相遇，同行至敦煌。法显等五人先行，智严等后至，经鄯善而至乌夷（即龟兹）。智严等返高昌，法显等六人继续前行至于阗。僧绍一人转往罽宾，法显等五人越过葱岭，走了一个月，渡新头河（即印度河），历悬度之险，过 700 级栈道，进入北印度的乌苌国。这时已是 402 年 4 月了。法显在此坐夏后又历游犍陀卫、竺刹尸罗、弗楼沙国。宝云、慧应由此返回祖国。法显遂至那竭国，观礼佛顶骨。翻越小雪山，慧景冻死，法显和道整折向东南，进入中印度，历尽艰难，于 405 年到达摩羯陀国华氏城，滞留三年，获《摩诃僧只律》、《阿毗昙心》、《方等般泥洹经》等重要经律。他在这里学梵语梵书，抄写律本，并四出巡礼伽耶城、鹿野苑、只园精舍、拘夷那竭城等佛迹。后顺恒河东下，他到达耽摩粟底国，又住两年，写经画像。从那里他乘海船到狮子国，获《弥沙塞律藏》和《长阿含经》、《杂阿含经》。在此又住两年搭商船返广州，遇风漂泊 90 天至耶婆提国（今爪哇），滞留 5 个月后，复随商船北航广州。经 80 余天与风浪搏斗，他于 412 年 7 月在山东长广郡县（今青岛）登岸，后辗转到达建康译经。86 岁时法显卒于荆州辛寺。法显西行前后 13 年又 4 个月，历经 34 国，深入印度本土，到过“汉之张骞、甘英皆不至”之地，并将所见所闻写成《佛国记》（又称《法显传》），创中印佛教文化交流史之伟业。后人把他与玄奘并称为西行求法运动中先后辉映的两位大师：“显法师则创辟荒途，玄法师乃中开正路。”（见《大唐西域求法高僧传》）

法显西行以后，并州人道生，在贞观末年（649），从吐蕃路，往游中天。到菩提寺，礼制底讫。在那烂陀学，为童子王深所礼遇。复向此寺东行十二驿，有王寺，全是小乘，于其寺内，停住多载，学小乘三藏，精顺正理，多斋经像，回归本国。行至泥波罗，患疾而卒，年仅五十。

法显大师像

并州人常慜，出家以后，愿写般若万卷，冀得远诣西方，礼如来所行圣迹。南游江表，写经既毕，遂至海滨，附舶南征，往诃陵国（爪哇），末罗瑜国。复从此国欲诣中天，然所附商舶，载物甚重，解缆未远，忽起沧波，不经半日，遂即沉没。当没之时，商人争上小舶，互相战斗，其舶主既有信心，高声唱言，师来上舶。常慜曰：

可载余人，我不去也。所以然者，若轻生为物，顺菩提心，亡己济人，斯大士行。于是合掌西方称弥陀佛，念念之顷，船沉身没，声尽而终，年过五十。（《大唐西域求法高僧传》卷上）

西行求法运动有力地推动了中国佛教的发展。可以说，西行求法的佛教徒也是中国睁眼看世界的第一代人，促进了中国与印度以及与其他国家之间的文化交流。

山西籍高僧慧远的佛经翻译理论

在翻译佛经方面，东晋时，山西人慧远最先提出了调和直译和意译的翻译理论。他在《三法度序》和《大智论钞序》里指出：意译“文过其意”，直译“理胜其辞”；意译“以文应质，则疑者众”，直译“以质应文，则悦者寡”；意译“言近而旨远”，“旨远，则幽绪莫寻”，直译“辞朴而义微”，“义微，则隐昧无象”。直译、意译皆有缺点，故慧远主张“简繁理秽，以详其中。令质文有体，义无所越”。慧远的主张，在中国近代翻译理论界得到了回应。严复提出信、达、雅三义之后，多数译家皆主张意译、直译相辅相成，信、达、雅缺一不可。如鲁迅指出：“凡是翻译，必须兼顾着两面，一则当然力求其易解，一则保存着原作的丰姿。”（《“题未定”草》）林语堂在《论翻译》一文里提出忠实标准、通顺标准和美的标准，也是强调了直译和意译的统一。这些论说都是对古代佛教翻译理论的继承和发展。

山西佛教文化向日本等国家的传播

从隋唐开始，五台山的汉传佛教连同佛教建筑文化逐步开始向日本、韩国、朝鲜、尼泊尔、泰国以及欧美等国家传播。唐贞观十年（636），新罗（朝鲜）僧人慈藏等来到五台山，巡礼求法两年，回国后在溟州白头山开创佛教道场，并将白头山之大根脉称作五台山，后孝昭王又在五座台顶上建造了文殊院，从此溟州五台山成为朝鲜著名的佛教圣地。唐宋时期，文献记载，日本僧人至五台山求法不绝。唐代日僧圆仁归国后以五台山大华严寺为楷模，在比睿山延历寺建造文殊楼；宋太平兴国年间，日僧成算改称爱宕山为五台山，改称栖霞寺内的释迦堂为清寺。传说日

礼佛大道

本圣武天皇在做太子时，曾梦见了中国的五台山、梦见了文殊菩萨，因此便将长岗郡的一座山命名为五台山。文献记载，唐宋之际日本高僧灵仙三藏、圆仁、惠运、圆修、慧尊、圆觉、济论等都到过五台山学习佛教文化。

此外，著名的北印度高僧佛陀波利、般若三藏，中印度高僧纯陀，新罗高僧慈藏、慧超、行寂、崇济、郎智等，狮子国高僧多罗、不空等，越南高僧佛哲等，均到过五台山交流佛学，皆为山西佛教文化交流谱写了历史的佳话。

唐代时，日本高僧圆仁来中国学习了高僧昙鸾在玄中寺创立的佛教净土宗教义《往生论注》等，并传回日本。此后，日本出现了净土宗、净土真宗。

山西佛教文化在国际佛教的传播过程中起到了重要的枢纽作用。

山西佛教文化遗存享有世界知名度

云冈石窟、五台山、玄中寺等作为山西佛教文化资源的典型代表，在目前世界旅游市场上占有一席之地，并呈逐步扩大趋势。

云冈石窟代表了公元5世纪至6世纪时中国佛教石窟艺术的巅峰成就，多种佛教艺术造像风格在云冈石窟实现了前所未有的融会贯通，形象地记录了印度及中亚佛教艺术“中国化”的历史轨迹，并对敦煌莫高窟、龙门石窟中的北魏时期造像产生了重要影响。1973年9月，在周恩来总理的陪同下，法国总统蓬皮杜参观了云冈石窟，实况被电视台播出后，法国和欧洲为之轰动，蓬皮杜总统

云冈石窟雕像

评价说：“云冈石窟是世界文化遗产！”2001 年云冈石窟申报世界文化遗产成功。

玄中寺是中国汉传佛教重要教派——净土宗的发源地，从佛教的传承关系来看，玄中寺同日本佛教净土宗和净土真宗有着深厚的历史渊源。

藏传佛教在五台山的崇奉，不仅使文殊菩萨信仰有更深广丰富的内涵和更坚固的基础，同时也塑造了五台山汉、藏两种文化传承，汉、藏、蒙、满多个民族信众和谐共处的格局，具有珍贵独特的历史和现实价值。2009 年 6 月 26 日，在西班牙的塞维利亚，世界遗产委员会一致认为，五台山符合世界遗产多条标准，决定将其作为文化景观列入“世界遗产名录”，其中第Ⅲ条、第Ⅵ条标准分别是：“能为一种已经消失的文明或文化传统提供一种独特的或至少是特殊的见证”，“与现行传统思想、信仰或文化艺术作品有直接或实质关联，具有特殊普遍意义的实物”。作为“文殊道场”的五台山，成为世界佛教界“文殊信仰”的有形载体。

此外，还有闻名中外的应县木塔、浑源悬空寺、太原蒙山大佛、平遥双林寺、晋城青莲寺、洪洞广胜寺、运城普救寺等，均以自己的雄姿在国际上占有重要地位。

山西是考察中国佛教文化发展史的标本

佛教文化自汉代传入中国后，隋唐时期达到鼎盛。其间，大体经历了佛教经典在中国大量传播、佛教文化与中国传统文化逐步融合、建立中国化的佛教宗派三个阶段。山西佛教文化各宗派的演变史，见证了中国佛教文化的发展。

佛教经典在山西的传播

山西佛教文化的典型代表是五台山。五台山最早的佛教派别是摩腾法兰派，后发展为华严派。随着佛教传播的发展和广泛，佛教的八大宗系（天台宗、三论宗、唯识宗、净土宗、律宗、华严宗、禅宗、密宗）也先后传入了山西，所有宗派都属于大乘佛教。

摩腾法兰派是五台山特有的一个宗派，它和佛教由印度传入中原有关。公元 68 年，迦叶摩腾和竺法兰两位高僧北渡黄河，进入山西境内传播佛教。当他们云游至五台山时，发现这里正如经典记载“震旦国，五峰环绕处，为文殊之道场”，立即确定五台山为文殊道场。后世僧人为了纪念两位高僧，遂称本寺为“摩腾法兰派”。这一过程表明，山西五台山是中国除京城之外最早传入佛教的地方。

魏晋南北朝时期，北魏的太武帝下令灭佛，是佛教传入中国以来首次遭遇灭顶之灾，但由于在山西出家的法显、慧远、昙鸾等几位高僧的崇高声望得到了其他皇帝的认可，山西的佛教很快又大规模地发展起来。

北周武帝是一个灭佛毁寺的皇帝。他在位满打满算也就 17 年的时间，但在其灭佛毁寺的严厉敕令下，五台山的佛寺几乎悉数被

五台山中台顶

毁，而且他强行让僧众全部还俗。杨坚取北周建立隋朝。隋文帝杨坚不但出生在佛寺内，而且从小由山西五台山中台顶 运城地区的一位尼姑抚养长大，并称自己为“佛弟子”。所以，他一拥有了天下，即下诏书在五台山的“五顶各置寺一所，设文殊像，各度僧三人，令事焚修”。这是五台山佛寺建造史上首开在五个台顶上建构佛寺的空前之举。

唐朝，由于山西是李唐王朝的发迹之地，所以视五台山为“祖宗植德之所”。唐朝时规定，全国所有寺院的斋堂，都必须供奉文殊菩萨像。从太宗到德宗，对五台山都给予极大的支持和

扶助。武则天时期，她请高僧菩提流支在五台山重新翻译《大方广佛华严经》，并由当时的清国师澄观在五台山显通寺宣讲。之后又建塔、修寺、设斋，把以五台山为中心的山西佛教文化再次推到高峰期，五台山成为全国华严宗的中心。同时，密宗创始人不空三藏，受到唐代宗礼遇，主持修建五台山金阁寺，密宗在五台山也悄然兴起。五台山借助李唐王朝，成了佛教文化国际交流的枢纽。可谓空前隆盛，名僧辈出。国内外大德高僧竞相朝礼五台山，并求取佛经佛法，尤以日本为最。日本“上自天皇，下至公卿”，都乐于供养五台山文殊菩萨。且唐武宗时，日本仁明天皇的桔皇后，还特派惠萼入唐，把亲手制的绣文袈裟施给那里的僧众，把宝幡及镜奁等具施给五台山。同时，日本佛教徒将不能论决的天台宗疑难问题30条，请中国天台宗高僧、五台山的志远法师裁决，史称“唐决”。天台宗在山西也很快发展起来。随着佛寺的兴建和扩大，五台山寺僧的地位在当时国内佛教界至高无比，台内的佛寺多达360余座。这是五台山佛寺建造史上数量最多的时代，五台山也成为中国历史上佛寺最集中的一座名山。同时，五台山的固定居住僧人也达

佛境五台山

到了万人以上。“安史之乱”后，由于国家徭役征派极端繁重，寺院便成了人们逃避徭役的隐避所。

唐代山西佛寺建筑发展大致脉络如下：

武德元年（618），唐高祖李渊下诏，在并州立义兴寺，在太原立太原寺。

显庆五年（660），高宗及武后巡幸并州至童子寺、开化寺，瞻大佛像，大舍珍宝财物衣服等。

龙朔元年（661），高宗令会昌寺僧会颐往五台山修理寺塔。

龙朔二年（662），高宗令中使送并州二寺大象袈裟，并令五台县画师等十余人同往，绘山寺诸图。

则天女皇垂拱三年（687），山西永济普救寺建立。

开元元年（713），大同普化寺始建。

开元二十三年（735），清寺普观法师与沙门法会等，于五台山造玉石释迦、文殊、普贤等一铺。

开元二十六年（738），山西交城玄中寺铸铁佛像。

大历二年（767），五台山建金阁寺，铸铜为瓦，饰金其上，耗资巨大。

大历五年（770），代宗因彗星出现，诏不空行法，并令往五台修德，在太原设万人斋。

建中三年（782），五台山重修南禅寺佛殿，塑菩萨等彩像。

长庆二年（822），运城建泛舟禅师墓塔。

大和二年（828），渤海僧贞素携日庭登五台山。

武宗继位，于会昌五年（845）下诏废佛，命令拆毁寺院，勒令僧尼还俗。这就是著名的“会昌法难”。据载：全国拆毁大小寺庙 4 万余所，僧尼还俗 26 万余人。山西亦不例外，僧侣散尽，寺庙被毁，五台山更是满目苍凉，只剩下南禅寺和佛光寺大殿。

大中二年（848），唐宣宗大兴佛事，命重建寺院，五台山建五寺弘佛，和尚达“五千僧”；

大中十一年（857），修造五台山佛光寺东大殿及塑像；乾符四年（877），雕造五台山佛光寺石幢，建平顺明惠禅师墓塔。后历经战乱，寺庙建筑遭到破坏。

甘肃敦煌莫高窟第 61 窟中至今完好地保存着一幅唐末刻造的石刻《五台山图》，它记录了唐代五台山佛寺发展到鼎盛阶段时的壮丽情景。

五代后周世宗，限制佛教发展，裁减寺院，严禁私自出家。据史料记载：公元 955 年，废寺 3336 所，并将所毁的佛像铸钱。山西寺庙“十残八九”，僧侣逃亡殆尽。

宋、辽、金时期，主要推崇佛、道、儒三教融通。宋王朝为了加强统治，一反后周的灭佛政策，停止了对寺院的废毁，并对佛教加以适当保护。宋太宗太平兴国五年（980）下诏，重修五台十寺，并先后派人赴五台山送经书供养。宋真宗又赐一万贯再加修葺。五台山佛教又恢复发展起来。山西僧人急剧增加，各县建寺再度盛行。此时，唐代志远法师在五台山弘扬的天台宗，因受到宋哲宗、宋徽宗的青睐，发展速度极快，而且颇具影响。

元朝，佛教在中国的发展已走下坡路，但山西的喇嘛教却兴盛起来。元朝建立后，非常崇信喇嘛教，山西全部是汉传寺院，所以

集福寺

大部分地方的寺院只是维修，可五台山却是大兴土木。由于特殊的地理环境，山上经常出现一些奇异的自然现象，元世祖忽必烈就把五台山称为“真佛境界”，并兴建 12 佛寺。同时，他还先后册封朝礼五台山的西藏名僧八思巴为“国师”、弟子胆巴喇嘛为“金刚上师”，并命胆巴喇嘛常住五台山。

元朝九帝，有七位恩宠五台山，布施大量金币开展佛事活动。

尤其是元英宗，在发展五台山佛教的同时，还下令保护五台山的森林植被，这在当时是十分少见的。随着国师多年往返朝台，五台山在蒙、藏地区产生了较大影响，对喇嘛教传入山西起了促进作用。由于元朝统治者的推崇，藏传佛教的密宗势力无人能及。

明代，山西的佛教又有了新的发展。那时，全省整修和新修的寺院也特别多。明太祖朱元璋早年出身僧侣，对佛教自然格外尊崇，对名僧大德恩礼有加，并建立了一整套僧官机构（他改善寺院为僧录司，设左右善世、左右阐教、左右讲经、左右觉义）。为了笼络蒙、藏少数民族，明代还十分推崇喇嘛教。明成祖朱棣派人到西藏迎请噶举派名僧哈立麻喇嘛到京，次年，封为“大宝法王”，并赐銮凤伞盖之仪，遣送至哈立麻所住的五台山大显通寺。哈立麻喇嘛卒后，明成祖又敕命为哈立麻在显通寺法堂塑像奉祀，是为五台山有喇嘛教之始。万历皇帝深受母亲影响（母亲是显通寺妙峰法师的弟子），大肆宣传佛教，下令修建五台山的大白塔，首建塔院寺，并极力资助五台山。同时，在万历年间，深得儒家学说之真谛、力主儒佛同参的“明末四大老”中的憨山、紫柏、莲池三位高僧都曾在五台山修行，憨山大师在显通寺再次开讲《华严经》，每日都达万人听经，华严宗又盛行起来。这样，以佛教圣地著称的五台山，在明代又发展成为兼有汉地佛教和藏传佛教（即喇嘛教）的名山了。这为五台山佛教在清代的鼎盛奠定了基础。

清朝十帝，基本全信佛，特别推崇喇嘛教，使得山西成了喇嘛教盛行的汉族地区。康熙、雍正、乾隆、嘉庆 4 帝 13 次到五台山，康熙在《五台山台麓寺碑文》中写道：“佛教之弘深，欲跻群生于

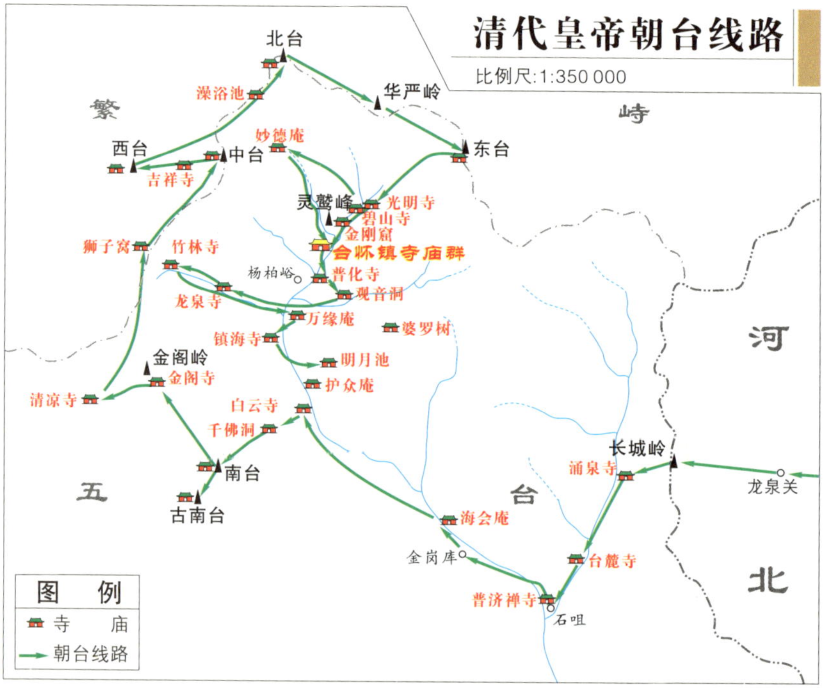

仁寿。”从清顺治帝诏命藏族高僧阿旺罗藏前往五台山，敕封为“扎萨克”大喇嘛，总理五台山番汉僧人，至 1949 年，历任五台山“扎克萨”的大喇嘛共 19 任。期间，前往五台山圣地的藏传佛教高僧有第三世章嘉活佛若必多吉、第十三世达赖喇嘛等。据妙舟法师所撰《蒙藏佛教史》记载，当时五台山主要藏传佛教寺庙为文殊寺、镇海寺、寿宁寺、普乐院、罗睺寺、台麓寺、金刚窟、涌泉寺、七佛寺、三泉寺、善财寺、普恩寺、慈福寺、十方堂等，规模和名声最大的当数位于灵鹫峰的文殊寺（又称喇嘛宫），该寺占地 3 万平方米，殿堂 400 余间，最盛时有千余僧人。五台山藏传佛教在清代前期达到鼎盛。

元朝时五台山在蒙、藏地区的影响一直延续到清朝，文殊菩萨在藏传佛教信众心目中享有至高无上的地位。其领袖人物如：历代转世的达赖、班禅、章嘉活佛等，都曾在五台山长驻修行。由于清代统治者的提倡和鼓励，蒙古族中出家男子竟达到全部人口的45%。蒙古族和藏族佛教徒对文殊菩萨和五台山的崇仰达到了狂热

五台山菩萨顶康熙御赐匾额

五台山龙泉寺牌坊

的程度。据史料记载，当时内、外蒙古进香者，每年四月至十月络绎不绝，马牛羊数千里倾诚贡献者不绝于道。清朝统治者为了安抚民心、稳定边疆，于是将五台山的多所寺院改为喇嘛庙，俗称“黄庙”。至此，五台山成为中国唯一的青庙与黄庙并存、汉传与藏传佛教兼有的佛教圣地。

综上可以看出，山西佛教文化大开拓阶段是在北朝十六国时期。那时是中国社会大分裂、大动荡年代，也是民族文化交融的高峰期。山西因其独特的地理环境，成为多民族活动的舞台，处于北方少数民族统治之下。这些统治者为了有效地统治汉民族，不断学习吸取汉民族文化，又大力宣扬和扶持佛教文化发展。这为山西出现众多的佛教高僧，以及佛教文化能够在山西获得高度的发展，提供了特定的和相当有利的政治背景和历史文化氛围，成就了山西佛教文化在东土传播中亘古不变的根据地和大本营地位：五台山位居中国佛教四大名山之首；玄中寺为世界净土宗摇篮；云冈石窟与敦煌媲美；广胜寺稀世罕见的金版藏经《赵城金藏》为当今整理出版《大藏经》的主要底本；遍布全省各地的斑斓多姿的佛教建筑、雕刻、绘画等，品位居全中国前列。这就是山西佛教文化之所以格外光辉夺目的基本原因。

事实表明，山西佛教文化发展史实际上就是中国佛教文化发展史的缩影。山西的佛教文物、佛教艺术，代表了中国佛教文化的水平，山西的各类佛教文化遗存，无论数量还是质量，都在全中国居于首位。

山西著名高僧的贡献

在佛教传播过程中，山西高僧在中国佛教的西行求法、佛教与中国传统文化相融合、中国佛教的创宗立派等方面，做出了杰出贡献。前面已经讲过西行求法运动中山西高僧的卓越代表，这里主要介绍一下在佛教融入中国文化和佛教创宗立派方面做出突出业绩的慧远和昙鸾。

慧　远

慧远以其虔信和道德学问成为中国佛教界继道安之后事实上的

代县白人岩寺中的慧远像

领袖，在佛教文化与中国传统文化相融合方面，做出了杰出的贡献。慧远是东晋时高僧，本姓贾，山西雁门楼烦（今原平市、宁武县附近）人，出身士大夫家庭，与法显同处一个时代。慧远少年时代主要学习儒家经典，对当时流行的道家、老庄思想也很精通，但还未形成确定的志向。东晋永和十年（354），慧远 21 岁，“欲渡江东”，拜师从学，因北方战乱，道路不通，未能如愿。这时，正值高僧道安在太行恒山（今河北省阜平县北）立寺传教，他又与其弟“遂往归之”。听了道安讲经说法后，十分敬佩，惊叹说：“真吾师也！”毅然与其弟削发出家于道安门下，从此，他终生皈依佛门，坚定地选择了自己的人生道路。他才思敏捷，深为道安赏识， 24 岁便开讲佛经。东晋太元六年（381），48 岁的慧远来到庐山，深感“庐峰清静，足以息心”，便在这幽静秀丽的庐山定居下来，开始了他富有特色的传教生涯，从此足不出山，直至 83 岁逝世。慧远在庐山的活动主要分三个方面：一是著书立说，用儒学、道家思想阐释佛理，宣扬佛法。他一生所著 50 余篇，绝大多数作于庐山。二是建立僧团，壮大佛教势力。慧远通过建立庞大的僧团，使庐山成为当时中国佛教的两大中心之一（另一个中心是印度僧人鸠摩罗什所在的长安，是主要的译经中心）。同时，僧团周围还有以上层社会名流为主体的居士群，它是慧远与世俗世界联系的纽带，既能沟通上层统治阶级，又避免了僧侣奔走官府而引起人们的厌恶心理，也有效地壮大了佛教的势力。三是广泛接触社会，扩大佛教影响。他居于庐山 30 余年，虽然“影不出山，迹不入俗”，但并没有绝离尘世，从地方官员到朝廷重臣，从著名文学家、道士到农民起义军首领，凡来访者，无不广泛结交。而且，居于统治阶层的上层人物，大多数是主动与慧远结交的。慧远以其超然出世的态度，赢得多方的尊重，这样不但扩大了佛教对社会的影响，而且通过广泛接触上层人物，也使佛教进一步获得了统治者的支持。慧远终其一生致力于坐禅、戒律与毘昙的探讨。然而，并不是所有的僧侣都能像慧远一样洁身自好，高洁无瑕。政权割据和战乱兵祸，使当时的社会动荡不安，民不聊生，混乱痛苦的时代却刺激了宗教的发育，佛教便因时顺世异常地繁盛起来。据唐法琳《辩正论》记载，东晋 104 年，共建寺 1768 所，僧侣的数目也水涨船高，与日俱增，如此庞大的一个僧伽阶层，对其自我的约束和管理便提出了严峻的挑战。此间，上层一些僧侣穷奢极欲，无恶不作，但慧远自从立寺于庐山之后，一直到去世，足迹从未跨过山中的一条溪流——虎溪(《高僧传》)，出淤泥而不染的治教精神，被奉为一代楷模。

昙 鸾

昙鸾是北魏雁门（今山西代县）人，他幼年时就怀着对佛教的神奇向往而出家为僧。出家之后，他广读博览佛教经书和儒道典籍，同时更深入钻研有关佛性的学说。昙鸾于南朝梁大通元年（527）来到建康（今南京市），曾与梁武帝谈论佛性，很受梁武帝赞许。后又拜见著名道士陶弘景，陶弘景授予他《仙经》十卷，他便携经准备返回北魏故地，从事修行。但他在途经洛阳时遇到印度名僧菩提流支，便问：“佛经中有没有胜过道教的长生不老之法？”高僧很不高兴地回答：“道教哪配与佛教相比？靠道教的《仙经》

是不能摆脱生死轮回，达到长生不老的。”随即高僧把佛教的《观无量寿经》授予他，并说明长生不如解脱的道理，引导他信仰净土，这使昙鸾深受教益，此后他便毕生传播净土信仰，为净土宗的国内外传播作出重大建树。

交城玄中寺昙鸾大师像

PINPAINEIHAN 品牌内涵

般若智慧

山西五台山是文殊菩萨的道场。文殊菩萨是般若智慧的代表，经常出现在般若系的经典之中，与观音菩萨、普贤菩萨同为华藏世界的上首。佛教经典中常说文殊菩萨是七佛之师、诸佛之母，这是说般若智慧是诸佛的老师与母亲，众生非般若不能成就佛道，佛陀非智慧不能出现世间。但是般若智慧无形无相，不可触摸，佛经上经常形容般若是“言语道断，心行处灭”，很难用言语表达，故而用文殊菩萨做代表，给凡夫俗子一个智慧形象的比喻，希望借此而理解般若在佛法中的重要性。

般若智慧就是要人们时刻保持高度的理智，达到智慧圆融的境界，切不可感情用事。佛门有句话说“慈悲用本，方便用门”，讲的就是要以智慧为先导，才能行为方便，慈悲为怀；才能长养菩提，接引众生。佛教认为：“智”就是能够通达世俗真谛、通达因果缘起。一个人能够真正通达因果缘起，就是有“智”。“慧”就是能够观察一切空性，从现象透视本体，万法皆空，就是真如性、法性，这叫做“慧”。

那什么是般若呢？般若是梵语的译音。或译为“波若”，意译是“智慧”。般若智慧不是普通的智慧，而是指能够解道、悟道、修证、了脱生死、超凡入圣的智慧。这个智慧不是普通的聪明，这是属于道体上的根本智慧。所谓根本智慧，就是超越一般聪明与普通的智慧，而了解到形而上生命的本源、本性。这样的智慧才是般若。所以佛学高僧在翻译佛学经典时，觉得人们通常使用的“智慧”两个字，不能完全代表般若的整体含义，为表示有别于一般所指的智慧，故用音译。在所有的佛经以及后世菩萨高僧们的著作中，《金刚经》在学术的分类上，归入般若部，所以叫做《金刚般若波罗蜜经》。

人们常见的文殊菩萨圣像，是脚跨青狮，手持如意（或宝剑、

佛光寺彩塑

莲花等），头戴天冠，身披璎珞衣着，飘逸且雍容华贵，柔和中带着雅静、智慧的天人像。狮子是兽中之王，有“狮子一吼，百兽胆裂”之说，因此经中常常将佛陀说法比喻为狮子吼，形容佛陀的法音对众生有振聋发聩的作用。把狮子作为文殊菩萨的坐骑，则是表现般若智慧的威力无比，能降伏一切恶魔，排解所有烦恼。

般若有五种，就是所谓“五般若”。第一种是实相般若，第二种是境界般若，第三种是文字般若，第四种是方便般若，第五种是眷属般若。五种内涵组成金刚般若。

除了“五般若”，还有“十般若经”，就是佛教的《大般若经》《放光般若》《摩诃般若》《光赞般若》《道行般若》《学品般若》《胜天王所说般若》《仁王护国般若经》《实相般若》和《文殊般

五台山铜殿文殊像

若》。这些都是对般若智慧的进一步阐释。

所以从哲学的意义上讲，般若智慧并非迷信，也不神秘，而是一种文化。

著名学者范文澜先生曾经在《中国通史》中贬斥佛教为“祸国殃民”的迷信。但是后来他认真研读了大量的佛经著作，对佛教有了深刻的认知，又说，佛教传到中国有近2000年的历史，和中国文化关系密切；不懂得中国佛教，就不能真正懂得中国的思想史、哲学史、文化史。

净土法门

佛教净土宗发源于山西，是以“往生西方极乐净土”为目的的宗派。因本宗以称念佛名为主要修行方法，希望借着弥陀本愿的他力，往生于西方极乐净土，所以又称为念佛宗。所谓净土，主要是指弥勒净土、弥陀净土。弥勒净土的信仰，以东晋道安大师为最早，他著有《净土论》六卷，倡导往生兜率天的弥勒净土；唐代玄奘与窥基大师，也以弥勒净土为行持依归，然而这时并没有形成一个明确的派别。自此以后，由于修者少，弘扬者更少，渐形衰微，代之而起的是弥陀信仰的兴隆，弥陀净土便成为诸佛净土的代表。现在流行的就是弥陀净土宗。

净土宗，根源于大乘佛教净土信仰，专修往生阿弥陀佛国土之法门。净土宗的历史渊源传自古印度佛教，但古印度净土信仰和念佛法门并未成为一个专门宗派。最早译出阐发净土思想经典的高僧是北魏的昙曜，昙曜大师驻锡于山西大同石窟通乐寺，和平三年（462）召集诸德，译出《净度三昧经》一卷，为山西籍高僧昙鸾创立净土法门开了先风。昙鸾根据菩提流支所译的《观无量寿经》，首次强调了持名念佛的重要性，首次提出恶人也可借持念阿弥陀佛名号而得到往生。北魏宣武帝时，菩提流支译出世亲的《无量寿经优波提舍愿生偈》。昙鸾通过为世亲《无量寿经优波提舍愿生偈》所作注解，著述了《往生论注》，系统地建立了净土崇拜的基本理论，为净土宗奠定了立宗的理论基础。在昙鸾之后，持念阿弥陀佛便成为一宗最重要的往生法门。因此，阿弥陀佛信仰在中国的真正倡导者是北魏时期的昙鸾法师，他是净土宗的开宗祖师。

昙鸾一生致力于净土经典的研究和净土思想的弘扬，在太原、交城、介休、平遥等地宣传净土思想。由于持名念佛法门修行简单，能够在民间得以广泛流行，所以昙鸾受到当时社会各阶层的爱戴和敬重。昙鸾平遥讲经之地被称为变红岩。昙鸾晚年移住汾州（今山西交城县）石壁玄中寺，玄中寺因净土念佛法门名声大噪。玄中寺也因昙鸾的驻锡从此成为净土宗的祖庭，嗣后有僧人道绰等相继来玄中寺礼拜昙鸾。日后，道绰衣钵之徒善导所发挥的弥陀本愿论，就是在祖述昙鸾的理论。

其后有怀感著《释净土群疑论》，针对各宗对往生净土的质疑，一一阐论。睦州的少康，也大力弘扬称念阿弥陀佛的功德。昙鸾至少康，被称为净土宗的“震旦五祖”。当时在长安等地，诸师也撰写了不少解释《阿弥陀经》、《观经》等的注疏。在这个时期，净

交城玄中寺两佛空中对谈画

土经典的研究达于高峰。

唐代开元初年，慧日大师自印度归国，看到当时禅家把净土信仰视为引导一般民众的方便说教，便激烈反对，而提倡念佛往生的必要，主张戒净并行、禅净双修、教禅一致，而以一切修行都回归于往生净土的旨趣。承远、法照、飞锡等人绍继他的主张，以念佛三昧为无上深妙的禅门，极力排斥禅僧的空腹高心。当时，在禅门中有认同慧日一派的，如六祖门下的南阳慧忠提倡解行兼修。到后周法眼文益的嫡孙永明延寿，更大力弘扬禅净双修。元代以后，禅净双修的风气更加盛行，中峰明本、天如惟则等人都归心于西方净土。到明代，楚山绍琦、云栖宏、憨山德清等人，相继倡导禅净合一，尤其以云栖宏精进修持念佛三昧，更是著称于世。他除了注解《阿弥陀经》外，还著书立论，大力弘扬禅净一致之旨，对当时教界影响很大。

净土宗的主要理论依据是“三经一论”。“三经”是《无量寿经》、《观无量寿经》、《阿弥陀经》；“一论”是指《往生论》。历来的净土宗祖师大多依据“三经一论”以及马鸣、龙树等诸论师赞述“三经”的要义来弘传此宗。

多元并存的山西佛教体系

山西区域文化的特殊性——不仅保存着传统文化的精髓，且融入了外来文化的特质，具体到佛教文化，汉传佛教、藏传佛教及多种佛教分支在三晋大地和谐共处、交融发展；唯识宗、律宗、华严宗、净土宗、密宗、天台宗、禅宗等不同宗派齐全。

以五台山为例，唐朝时进入发展的黄金时代，成为全国佛教的“首府”，成为可与印度灵鹫山“争峻”的世界佛教圣地。当时五台山不仅是文殊菩萨演化之区，佛教的各个宗派，如唯识宗、律宗、华严宗、净土宗、密宗、天台宗、禅宗的名僧也都纷纷至五台山开辟道场，著书立说，建立本宗基地。五台山还是目前国内唯一一座藏传佛教和汉传佛教共存的圣地。据藏文史籍记载，早在唐代前期，松赞干布曾在五台山建寺；元代，萨迦派最高领袖、乌思藏诸教派共尊的大德——八思巴，于1257年奉忽必烈之命朝拜五台山文殊圣容。在政府的扶持下，藏密在五台山再度流传。明代，五台山与藏传佛教关系也更加密切，其中明朝封的三大法王（大宝法王、大乘法王和大慈法王）皆到过五台山，大慈法王、黄教祖师宗喀巴亲传大弟子绛钦却杰，于明宣德年间来到五台山，传播黄教。元明时期，通过萨班、八思巴、胆巴、阿尼哥、郐坚巴仁钦贝、大宝法王、大乘法王、大慈法王等高僧的传播，藏传佛教开始在五台山枝繁叶茂起来，朝拜文殊道场五台山的蒙古族、藏族信众从此络绎不绝，并于清朝时达到了高潮。

青庙与黄庙并存的五台山寺庙群

自元迄清，文殊信仰的传播又与藏传佛教在五台山的传播、兴盛有关，藏传佛教在五台山的崇奉，不仅使文殊菩萨信仰有更深广丰富的内涵、更坚固的基础，同时也将五台山塑造成了汉传佛教、藏传佛教两种传承共存的圣山，形成汉、藏、蒙、满多个民族信众和谐共处的格局，具有弥足珍贵的历史意义。

作为中国四大佛教名山之首，五台山在千余年的发展历程中，逐渐形成了与其余三座佛教名山相区别的文化特色，简而言之有三：首先它是国内外公认的文殊菩萨道场；第二，它是中国唯一的汉传佛教与藏传佛教共处一山的佛教名山；第三，它虽未开宗立派，却以兼容并包的文化胸怀，容纳、弘扬着中国佛教的不同宗派。

这种情况在山西其他地域也普遍存在。

山西儒、道、佛兼容的佛教哲学

方立天在《中国佛教哲学要义》一书中指出：“中国佛教哲学的中心问题是人生解脱论，是关于把握生命方式的学说。”佛教作为一种外来文化，在传入中国的过程中，必然存在与中国本土哲学相互兼容的问题，中华文明以其兼容并蓄的博大胸襟，通过引入、关注、了解，直至最后将外来的佛教文化融合吸纳到了中国本土哲学理念中——中国化后的佛教哲学具有“儒佛兼容”的特性。

相传，山西南部是后稷播百谷、仓颉造字的圣地，《史记》记“尧都平阳、舜都蒲坂、禹都安邑”，农业文明很快便穿过灵霍峡谷，进入中部太原盆地。考古发掘也不断夯实着山西中南部是中华民族、中华文明的滥觞之地的论证基础。农耕文明的思想精髓便是根植于传统社会的儒家礼、仁的思想。所以，从人文环境分析，山西不仅有海纳百川的文化气度，作为中华农业文明的核心区域，更有崇尚儒家教化的政治哲学，这一特征也体现在本土化后的佛教哲学中。

佛教在中国的传播大致经历了如下发展阶段：佛教经典大量传播，佛教文化与传统文化逐步融合，最终建立中国化的佛教宗派等。北宋苏轼在《书柳子厚大鉴禅师碑石》中总结说："释迦以文教，其译于中国，必托于儒之能言者，然后传远。"由于佛教经典诞生的古印度的人伦关系、习俗风尚和中国以儒家思想为主体的伦理道德观念有较大的差异，因而，在早期的汉译佛典中，对于有关社会关系的内容，都为适应儒家的伦理观念而作调整。由山西出家的著名高僧在其间做出了重要的历史贡献，最为杰出的代表是法显、慧远、昙鸾等。

慧远通过著书立说，逐步形成了以佛教义理为核心，广泛吸收儒、道各家学说的中国化的佛教思想。他明确主张儒、释、道三教融合一体。在东晋，一再发生关于沙门该不该礼敬帝王的争论，其实质也就是佛教与中国传统礼教的关系或者说佛教在中国是否合法的争论。为此，慧远吸收、融合儒、道两家的思想，写下了《答桓大尉书》、《沙门不敬王者论》等名篇，通过融合儒、释、道思想，从理论上阐明了佛教文化与传统文化的一致性，不但成功地解决了关于沙门是否礼敬王者的争论，而且也保证了佛教在中国的合法地位。他在《沙门不敬王者论》中明确宣示了他的主张："道法之于

三教合一的独特寺庙——浑源悬空寺

名教，如来之于尧孔，发致虽殊，潜相影响；出处诚异，终期则同”，“内外之道，可合而明”。他认为儒、释、道三教思想可以融合一体。他主张在家信徒（居士）必须遵从世俗，礼敬君亲，尽忠尽孝；出家僧人又必须保持佛门的独立性，以确保沙门以其高尚情志的榜样影响民众，从根本上维护统治者的最高利益。佛教信仰与封建礼教不过是殊途同归，终极目的是一致的。慧远使用自己建立“方内”“方外”的二分理论尽管言说了不拜君主的理由，但他更充分地肯定了君主的世俗地位，并十分赞成清理僧伽。在慧远后来的佛学参悟与实践中，慧远运用中国传统文化特别是老庄思想阐发佛教义理。他常常引庄子义为连类、以解听法的疑难。这种以“外书”（即儒、道）来解“内书”（即佛教）的方法，被当时称为“格义”。始终运用儒家、道家的本体论与形而上学解释印度佛教的宇宙观，贯穿了慧远一生的佛学修持，并形成了独立的中国化的佛学思想体系，虽然与印度佛教宇宙观本身有一定距离，但它实际上为印度佛教融入中国文化与社会打开了大门，为中国佛教的发展带来了无限生机。中国佛教从此逐渐成为中华传统文化的一个有机组成部分。慧远通过融合儒、释、道思想，从理论上阐明佛教文化与传统文化的一致性，用创新佛教的方法成功地解决佛教与儒学、道家之间的矛盾，从而在佛教中国化的道路上迈开了决定性的一步。

山西境内“儒道佛兼容”的佛教哲学，还可以关羽崇拜加以说明——儒家将其视为“忠义”、“诚信”的化身，道家把他敬为“关圣帝君”，佛教则将关羽奉为护法神，三个文化流派对关公的崇拜，都集中在关公身上所体现出的忠、信、诚、义、勇。在关羽由“公”

而“王”、再至“帝”的演变过程中，其人格特质中凝聚的忠肝义胆、诚信磊落等高尚特征，可以说是中华传统儒、释、道文化的理想精神的结晶。

悬空寺是国内现存最早、保存最完好的高空木构摩崖建筑，也是国内唯一真正儒、释、道三教合一的独特古建筑。

山西佛教文化熏陶下的民风民俗

在蒙昧时代，中国的原始宗教信仰便开始萌生，譬如，相信灵魂不死，由此发展为祖灵信仰和祖先崇拜；相信“善以善待，恶以恶待”的报应，于是在血缘家族基础上形成了“积善之家必有余庆，积不善之家必有余殃”的报应观念。但是，中国上古时期并没有形成定型的宗教。佛教向中国输入了一种系统的、全新的宗教信仰，包括六道轮回、三世报应、往生净土、他力救济等信仰。这些信仰培养着民众的敬畏心、感恩心、慈悲心、忏悔心，所以对于传播区域民众的精神世界产生了很大影响，衍生出许多民风民俗。

山西作为佛教较早传入中国的区域，古代的高僧大德在这里从中国传统文化和民俗文化中吸收养分，再融合、注入佛教中；逐步本土化之后的佛教，又以其独特的精神内涵丰富了山西的地域文化。佛教文化中“大悲为首”、“慈悲为怀”、“普度众生”的精神，熏陶着三晋大地的地域文化，并日渐渗透到民众的日常生活和民风民俗中，对于三晋文化中开放进取、兼容并包、黜华尚实、忠孝诚信、仁爱和平等精髓的筑成起到了一定的作用。

这种熏陶和渗透，主要体现在以下三个方面：

一、地名文化。最典型的为五台县，隋大业三年（607），因五台山而得名，境内有刘定寺村、法华村、佛光村、灵境村、建安村、天塔界、南塔、塔沟、石佛村、牌楼岩、清宗石、白龙池、维摩庄、澡浴池、大插箭等，这些聚落名称皆与山西佛教文化遗迹有关。一些地方因为是先有寺庙，后有移民，再逐步形成聚落，于是聚落便因寺庙名称而得名。

二、民众的日常生活。山西佛教文化的兴盛深刻地影响到民众的生活起居，使其思想观念中呈现出浓郁的佛教情结。山西邑内，有着数量庞大的僧侣，此外还有众多在家修行的居士，一些普通百姓家中甚至也供奉开光后的佛像，有释迦牟尼佛、阿弥陀佛、观音菩萨等，焚香燃蜡，念经礼拜。五台山附近的百姓还形成了将小孩子送到寺庙托名“寄养”的习俗，小孩出生后，便被送到附近寺院“寄寺”，并把孩子的名字记在寺里，由寺僧为小孩“戴锁儿”，以求菩萨保佑健康成长。再如饮食习俗中的“腊八粥”。佛教传入后，认为腊月初八是佛祖释迦牟尼的成道日，在这一天各寺院都要举行纪念仪式，并熬腊八粥以供佛，传到民间，佛俗与民俗相融，民间便开始熬腊八粥食用。

三、庙会经济。寺庙是僧尼修行居息的场所，也是举办佛事活动的地方。为纪念佛和菩萨的圣诞日、成道日、涅槃日等，佛教仪轨中规定了许多纪念节日，佛教寺庙按期举行法会纪念，并逐渐演变成固定的庙会。庙会，又称“庙市”或“节场”，各地信众聚集于寺庙附近，进行祭祀、娱乐和购物等活动。庙会是传统社会重要的商品贸易、文化娱乐的场所，与寺庙附近百姓的日常生活息息相关。以五台山为例，每逢庙会，附近各村群众相约赴会，俗称“赶会”；每年夏季还有规模盛大的“骡马大会”，吸引着大江南北的牧民、商贩前往。期间还有挠羊赛、摔跤、唱戏等具有浓郁地方特色、百姓喜闻乐见的文化活动。

PINPAILIANGDIAN 品牌亮点

全球文殊崇拜中心：五台山

五台山原先叫紫府山、五峰山、清山，也称作五峰山道场。“东北方有菩萨住处，名清山，从昔以来，诸菩萨众，于中止住，现有菩萨，名文殊师利，与其眷属，诸菩萨众，一万人俱，常在其中，而演说法。”（《华严经》）故山西省忻州市境内的五台山（又名清山）被世法和出世法公认为文殊菩萨道场，并雄踞中国佛教四大名山之首。

东汉永平十一年（68），天竺（今印度）高僧迦叶摩腾、竺法兰从洛阳白马寺来到五台山，二僧认为这是文殊菩萨讲经说法的道场，经汉明帝刘庄允诺，他们在五台山建造了第一座佛教寺院——大孚灵鹫寺，也就是如今的显通寺。从那时起，五台山开始逐渐成为中国佛教的中心，五台山的大孚灵鹫寺与洛阳白马寺同为中国最早的寺院。

嗣后隋文帝下诏，在五座山峰的台顶各建一座寺院，这五个台顶上的寺庙均供奉文殊菩萨，但五个文殊的法号不同：东台望海寺供聪明文殊、南台普济寺供智慧文殊、西台法雷寺供狮子文殊、北台灵应寺供无垢文殊、中台演教寺供孺童文殊。盛唐时期，据《古清传》记载，全山寺院多达 300 所，有僧侣 3000 余人。

李唐王朝起兵太原而有天下，所以视五台山为“祖宗植德之所”。李渊在起兵反隋时，就许下大愿，如果当上皇帝，一定大弘三宝。

显通寺铜殿

武德二年（619），李渊便在京师集聚高僧，立十大德，管理僧尼事务。唐太宗即位后，大兴译经事业，令波罗颇迦罗蜜多罗主持，又度僧3000人，并在各地旧战场建造寺院。贞观九年（635），太宗下诏曰：“五台山者，文殊宓宅，万圣幽栖，境系太原，实我祖宗植德之所，切宜祗畏。”“是年，台山建十刹，度僧数百。”

明代万历三十七年（1609），万历皇帝母亲李太后之师妙峰和尚，集全国13省市布施，先后铸成三座铜殿，一置峨眉山，一置南京宝华山，一置五台山。三座铜殿均在湖北省荆州浇铸，运至现

五台山及周边寺庙

比例尺:1:2 800 000

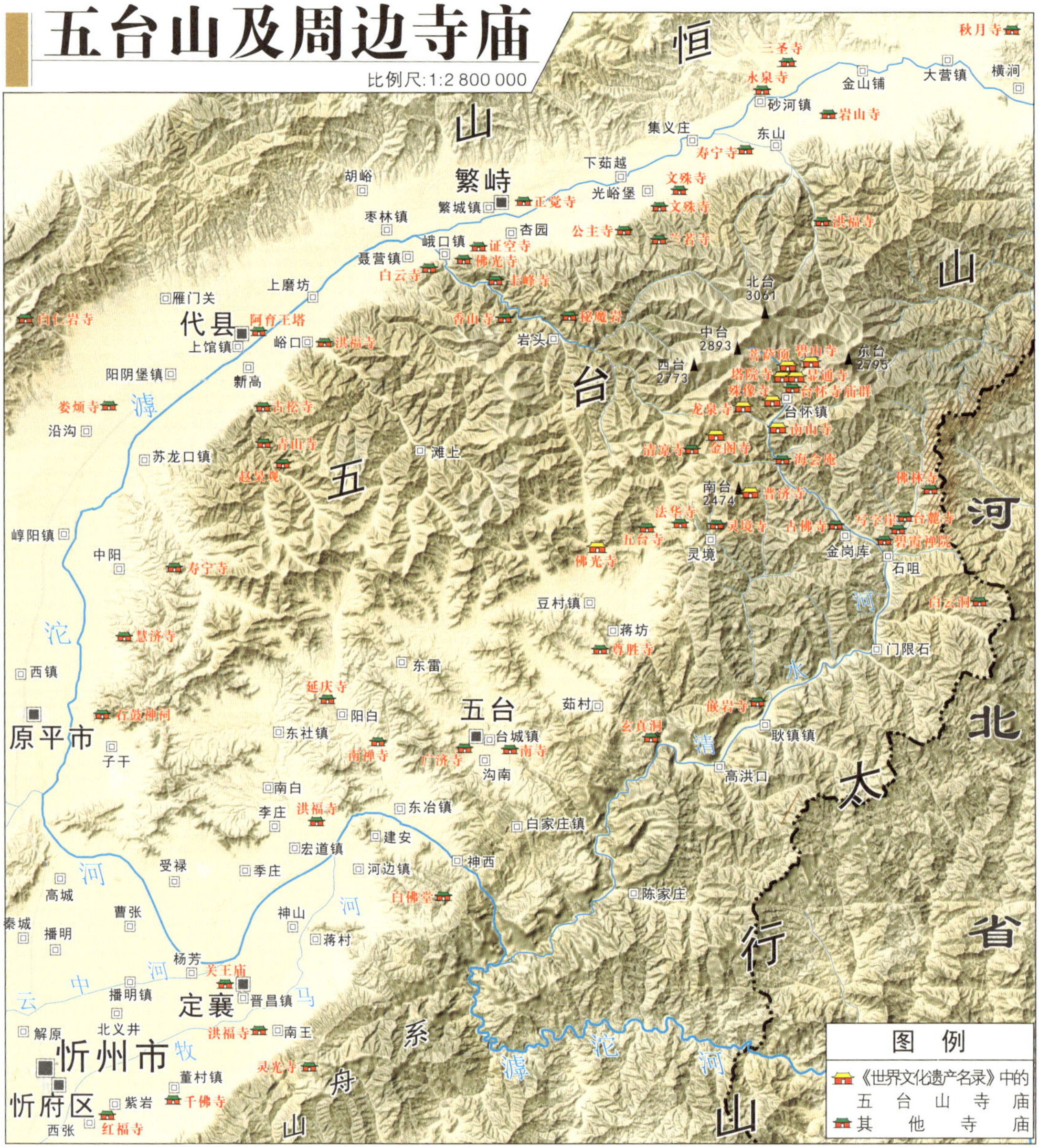

菩萨顶

场组装，如今仅存五台山这一座了。铜殿方形，外观重檐两层，高约5米，四周隔扇上棂花图案和壶门花鸟装饰，形象生动，工艺绝佳。内壁四面铸满小佛万尊，中央台上端坐一尊大佛，故称“万佛如来”。殿前原有同期铸造的铜塔五座，按东西南北中方位布置，象征五座台顶，可惜在日军侵华期间，被日本侵略者盗走了三座，现仅存东西两座。

任何宗教之发展，离不开历代统治阶级的重视和扶持。五台山佛门事业的繁荣勃兴，莫不如是。从北魏时期直到嗣后的1000多年，5个朝代9位皇帝18次赴五台山朝山拜佛。现存大量皇家道场的物质遗存，包括各朝皇帝撰文碑碣40余通、题匾赐额67块、御制

黛螺顶

佛光寺

碧山寺

诗词300余首。

五台山是中国唯一青庙（汉传佛教）与黄庙（藏传佛教）交相辉映的佛教道场。菩萨顶的乾隆碑，汉白玉四棱石柱，四面分别刻有汉、满、蒙、藏四种文字，象征着各民族的团结。五台山从古至今受到西藏、内蒙古、青海、新疆、甘肃、黑龙江等地少数民族的尊崇。

五台山在日本、印度、斯里兰卡、缅甸、尼泊尔等国更是享有盛名。古往今来五湖四海善男信女、帝王高僧跋山涉水，历尽艰辛，朝圣巡礼，虔敬求法。五台山，不独是中国著名的佛教名山，而且是世

南山寺秋景

界名副其实的佛国圣地，成为天下百姓礼佛之圣山，俗称之“朝台”。

五台山是中国历代佛教寺庙建筑最完整的地方之一。自东汉永平年间（58—75）起，经唐、宋、金、元、明、清及民国，五台山的佛寺都有修建。不仅有汉传佛教古刹，更有藏传佛教名寺。所以说五台山是研究中国古代佛教建筑艺术的活标本，其在中国乃至世界建筑史上占有十分重要的地位。譬如唐代建筑南禅寺、佛光寺，宋代建筑洪福寺，金代建筑延庆寺、岩山寺，元代建筑广济寺、三圣寺，明代建筑殊像寺、显通寺、塔院寺、圆照寺、碧山寺等，清代建筑菩萨顶、镇海寺及民国建筑南山寺、普化寺、龙泉寺、金阁寺、尊胜寺等，大都保留了当时建筑形制的重要特征，鲜活地记录了各个时期佛教建筑文化。

五台山的雕塑、石刻、壁画、书法遍及各寺，是当之无愧的中国佛教艺术的宝库，现存有北魏以来的各种形制佛塔 150 余座，唐代以来的佛教造像 146000 余尊，壁画 2380.1 平方米。其中南禅寺和佛光寺唐代彩塑、殊像寺明代悬塑，代表了中国古代雕塑艺术的水平。佛光寺东大殿的唐代壁画、文殊殿的明代罗汉壁画、岩山寺文殊殿的金代壁画，都具有历史标识性。

五爷庙

五台山台怀镇内的万佛阁（俗称五爷庙）是许多香客必去之处。五爷庙内供奉的是五文殊的化身，俗称五龙王，民间亲切地称为“五爷”。庙宇很小，占地仅 2000 平方米，殿楼堂舍也只有 20 多间，却是朝拜人数最多的地方。

万佛阁创建于明代，现在建筑多为清代重修后的遗存。主建筑有三：一是文殊殿，二是五龙王殿，三是古戏台。坐北向南的这座建筑便是大名鼎鼎的五龙王殿，人们通称五爷庙。五爷庙创建于清代，民国年间重修时，增建了殿外前庭。一般佛教寺院是不供龙王的，五台山修建龙王殿起源于文殊菩萨向东海龙王巧借歇龙石的神话故事。传说远古时期五台山地区并不是清凉胜境，因为酷热难熬，文殊菩萨便从东海龙王那里借来一块清凉石。清凉宝石原本是龙王的五个儿子播云布雨回来驱暑歇凉之物，于是龙王的五个儿子大闹五台山，把五座陡峭如剑的山峰削成五座平台。文殊菩萨降伏了五位小龙王，让他们分别住在五座台顶，五龙王被安排在最高的北台，专管五台山的耕云播雨。人们感激他为五台山地区造福，于是建殿造像加以供奉：五龙王居于殿内正中，左侧为大龙王、二龙王、龙母，右侧

五爷庙

台怀镇现存寺庙

比例尺:1:150 000

为雨司、三龙王、四龙王。与五爷庙相对的便是古戏台，专为五龙王唱戏而建，传说五龙王特别爱看戏，所以每年六月大会，都要大开殿门，让五爷居高观赏。

万佛阁位于塔院寺山门东侧，原来万佛阁是塔院寺的属庙，并不是一个独立的寺庙，所以没有独自的山门和牌楼。因为庙内供奉五爷，万佛阁也名播远近、香客盈门。

佛教中国化的发端：云冈石窟

北魏平城时代，北方佛教较之于南方，无论寺院还是僧尼人数，

云冈石窟大佛

都要多得多。据有关资料记载，魏孝文帝迁都洛阳之前，仅平城一地就有僧尼2000多人，境内约有77200多人；到了北魏末年，国境内僧尼人数更多，达200余万，寺院30000余所。这是当时统治阶级对佛教的支持、鼓励，以及实行僧人可以免服徭役等政策的直接产物。

北魏平城时代在我国佛教发展史上意义深远，不仅留下了云冈石窟等规模宏大的文化遗存，且使中国佛教发展出现转折点——开始中国化，因而具有里程碑意义。

云冈石窟位于山西省大同市以西16公里处的武周山南麓，是我国最大的石窟之一，与敦煌莫高窟、洛阳龙门石窟和麦积山石窟

云冈石窟雕像

云冈石窟雕像

并称为“中国四大石窟艺术宝库”。石窟依山而凿，东西绵延约一公里，气势恢弘，内容丰富。

云冈石窟也是世界闻名的石雕艺术宝库之一。在这绵延一公里的石雕群中，雕像大至十几米，小至几厘米，巨石横亘，石雕林立，蔚为大观。他们有的正襟危坐，栩栩如生；有的载歌载舞，神采飞扬，或击鼓，或敲钟，或手捧短笛，或怀抱琵琶，悠然自得，笑迎游人。这些佛像、飞天、赞助者、供养人的面貌和衣饰，在我国传统雕刻艺术的基础上，吸取、融汇了印度犍陀罗艺术及波斯艺术的精华，这是我国古代人民创造性劳动的智慧结晶，也是他们与其他国家友好往来的历史见证。

云冈石窟于2001年12月入选“世界遗产名录”，世界遗产委员会对其评价是：“位于山西省大同市的云冈石窟，有窟龛252个，造像51000余尊，代表了公元5世纪至6世纪时中国杰出的佛教石窟艺术。其中的昙曜五窟，布局设计严谨统一，是中国佛教艺术第一个巅峰时期的经典杰作。”

世界净土宗祖庭：交城玄中寺

含隐于深山玄谷中的玄中寺，位于山西省交城县西北十公里处，是中国佛教净土宗的发祥地，也是全世界净土宗朝觐的祖庭。

目前玄中寺遗存有北魏、北齐和隋朝的造像碑，唐朝的戒坛碑、寺庄山林四至碑，石壁寺铁弥勒像颂碑。此外，还有宋、元、明、

玄中寺大雄宝殿

清的碑刻数十座。这些上自北魏，下至明、清时期的碑刻，不仅是一批艺术珍品，而且也是一批不可多得的历史文献。这里的碑文不仅记述了玄中寺的兴衰历史，同时也为研究中国的佛教史，特别是研究净土宗的历史以及日本净土宗的发展演变，提供了宝贵的资料。

全世界最早的密宗证物：晋城青莲寺

青莲寺的密宗文物石刻，经著名佛教考古学家罗昭教授考证，不仅比唐代法门寺的密宗实物早了150多年，而且早于古印度现存的密宗实物，是全世界现存最早的密宗实物。青莲寺密宗石刻不仅见证了山西密宗流派的发扬光大，而且记录了佛教密宗法脉在中土传承的历史踪迹。

青莲寺，位于晋东南泽州县硖石山，因寺内的释迦牟尼端坐于莲花座之上，故名青莲寺，也名硖石寺，是国家重点文物保护单位。

青莲寺由著名高僧慧远（523—592）创建，初名硖石寺（今古青莲寺）。唐太和二年（828），建上院（今青莲寺）；咸通八年（867），重修并赐名青莲寺。北宋太平兴国三年（978），上院被赐名为“福岩禅院”，下院仍称古青莲寺，至此两寺分立。明代，福岩禅院复称青莲寺，之后青莲寺、古青莲寺之名沿袭至今。

青莲寺分为古青莲寺（上院）、新青莲寺（下院）两部分，俯临丹河，傍依硖石山，古寺东侧有明万历二十四年（1596）建造的

青莲寺

砖结构藏式八角形舍利塔一座，寺院西侧有一唐代慧峰法师石作墓塔。古青莲寺（上院）坐北朝南，自唐后，历代皆有增建。寺前为平台，上建东西阁，阁后依次为天王殿、藏经阁、释迦殿、大雄宝殿。两厢分别建有左右对称的观音阁、地藏阁、经堂、僧舍。高低错落，左右对称。现存建筑有正殿和南殿，原有的东西配殿仅存基址。新青莲寺（下院）创建于隋代，原为慧远禅师说法道场，宋以后为天台宗道场。寺分三院：一院为藏经楼，二院为大佛殿，三院为大雄宝殿。藏经楼5间，藏有从唐至元历代佛经700函5000余卷，惜经兵燹火灾，散落殆尽。二院大佛殿、罗汉楼、地藏楼有宋代彩塑37尊及500罗汉名号。大雄宝殿于日军入侵中国时被烧毁。

正殿内佛坛宽大，建筑留有少量宋代遗构，殿内所存唐代彩塑6尊，是全国现存唐代寺观塑像三处70余尊中的一处6尊，是不可多得的艺术珍品，其艺术造诣与达·芬奇的《蒙娜丽莎》有异曲同工之妙。

全国唯一儒释道融合寺庙：浑源悬空寺

大同恒山悬空寺，悬挂在北岳恒山金龙峡西侧翠屏峰的半崖峭壁间，始建于北魏太和十五年（491），始建初期，最高处的三教殿离地面90米，因历年河床淤积，现仅剩58米。1982年被列入全国重点文物保护单位，为恒山十八景中“第一胜景”。

悬空寺仅152.5平方米的面积，建有大小房屋40间。总体布局为寺院、禅房、佛堂、三佛殿、太乙殿、关帝庙、鼓楼、钟楼、伽

悬空寺

蓝殿、送子观音殿、地藏王菩萨殿、千手观音殿、释迦殿、雷音殿、三官殿、纯阳宫、栈道、三教殿、五佛殿等。

“悬”、“巧”、“奇”是悬空寺建筑的三大特色。首先说“悬”。全寺共有殿阁40间，表面看上去支撑它们的是十几根碗口粗的木柱，其实有的木柱根本不受力，所以有人用“悬空寺，半天高，三根马尾空中吊”来形容悬空寺。而真正的重心撑在坚硬的岩石里，岩石凿成了形似直角梯形的样子，然后插入飞梁，使其与直角梯形锐角部分充分接近，利用力学原理半插飞梁为基。其次说“巧”。悬空寺的“巧”体现在建寺时因地制宜，充分利用峭壁的自然状态布置和建造寺庙各部分建筑，将一般寺庙平面建筑的布局、形制等建造在立体的空间中，山门、钟鼓楼、大殿、配殿等都有，设计非常精巧。第三说“奇”。悬空寺值得称“奇”的是建寺设计与选址。悬空寺处于深山峡谷的一个小盆地内，全身悬挂于石崖中间，石崖顶峰突出部分好像一把伞，使古寺免受雨水冲刷；山下的洪水泛滥时，也免于被淹；四周的大山也减少了阳光的照射时间。2010年12月，在《时代》周刊公布的全球十大最奇险建筑中，悬空寺与“全球倾斜度最大的人工建筑”阿联酋首都阿布扎比市的首都之门希腊米特奥拉修道院、意大利比萨斜塔等国际知名建筑同列榜中，引起国内外广泛关注。

唐开元二十三年（735），李白游览悬空寺后，在石崖上书写了“壮观”二字；明代大旅行家徐霞客称悬空寺为“天下巨观”。悬空寺迄今已有1500多年的历史，是国内现存最早、保存最完好的高空木构摩崖建筑，也是国内唯一真正儒释道三教合一的独特古建。

辽王朝宗佛融汉祖庙：大同华严寺

华严寺，位于今大同市中心的大西街，是依据佛教的七大宗之一——华严宗的经典《华严经》而修建的，故名。始建于辽，辽代佛教华严宗盛行，道宗时特在西京建华严禅寺。因寺内曾奉安诸帝石像、铜像，还具有辽皇室祖庙性质。

大同华严寺，是辽、金时期我国华严宗重要寺庙之一。前院有山门、念佛堂、云水堂。后院有客室、禅堂、僧舍。寺内主要建筑有大雄宝殿（上寺）和薄伽教藏殿（下寺）。上寺以金建大雄宝殿为主，分为两院，有山门、过殿、观音阁、地藏阁及两厢廊庑，高低错落，井然有序。辽保大二年（1122），寺内部分建筑毁于兵火，经后世重建，至元代初年仍不失为云中巨刹。明宣德、景泰年间大规模重修，补塑佛像，华严寺进入中兴；明中叶以后分上下两寺，各开山门，自成格局。清初寺院复遭摧折，几经修缮，成今日之规模。

华严寺下寺主要殿宇皆面向东方，体现了契丹族拜日、以东为上的宗教信仰和居住习俗。寺内主要建筑有大雄宝殿（上寺）和薄伽教藏殿（下寺），其建筑、塑像、壁画、壁藏、藻井等，都是我国辽代艺术的典范。其中薄伽教藏殿建筑结构严谨，形制稳健，殿内完整地保存着31尊辽代塑像，其中合掌露齿菩萨塑像，被誉为“东方维纳斯”；四壁排列重楼式雕木藏经阁38间；殿后壁正中间悬一天宫楼阁。这些精巧玲珑的木构模型，对于研究我国古代建筑艺

华严寺

华严寺壁画

术，具有重要的科学价值，著名建筑学家梁思成称其为“海内孤品”。

最古老的普贤阁：大同善化寺

善化寺创建于唐代开元年间，亦名开元寺，俗称南寺，位于大同市中心，是全国现存辽、金时期寺院中布局最完整的一座。

五代后晋初，改名大普恩寺。辽末保大二年（1122），大部毁于兵火。金初，该寺上首圆满大师主持重修。自天会六年（1128）至皇统三年（1143）凡十五年始成。元代仍名普恩寺。明代又予修缮，明正统十年（1445）始更称今名善化寺。

善化寺是一组比较完整的辽、金时期建筑群，气势宏伟，粗犷豪放。大同善化寺曾有40000僧人奉元世祖忽必烈之命在此寺集会，做佛事。全寺占地面积约20000平方米，整个布局唐风犹存。寺院坐北向南，前有山门，中为三圣殿，后为大雄宝殿。大雄宝殿前左为文殊阁遗址，右为普贤阁。整个寺院建筑高低错落，主次分明，左右对称。大雄宝殿为辽代建筑，金代重修。殿内佛坛正中有泥塑金身如来五尊，端坐于莲台，弟子、菩萨恭谦敬谨。两侧是二十四诸天，西、南两壁绘有佛传故事画。三圣殿建于金天会六年（1128），内塑立像三尊，中为释迦牟尼佛，右为普贤菩萨，左为文殊菩萨，称“华严三圣”，取名三圣殿。

寺内保存有泥塑、壁画、碑记等珍贵文物，其中金代泥塑造型优美，个性突出，特别是二十四天王像，有男，有女，有老，有少，有美，有丑，有文，有武，或是帝王装，或是臣子像，或袒膊赤足，披纱衣华似来自天竺国土，或身着铠甲，衬皮毛以抵御北国寒风。生活气息浓郁，极富感染力，堪为国之瑰宝。

普贤阁为金贞元二年（1154）所建，结构精巧，形制古朴，是辽、

善化寺泥塑

金时代楼阁式建筑。普贤阁两明层一暗层，单檐九脊顶，带平座、腰檐，开间仅三间。这座楼阁在宋、辽、金时代虽不是最大的，但以其较科学的结构体系而延千年寿命，成为世界上现存最古老的楼阁建筑之一。

会城第一丛林：太原崇善寺

崇善寺，位于太原市东南。初建于唐，名白马寺，后改称延寿寺、宗善寺，后又改叫新寺；迄明，才更名崇善寺。相传，这座寺庙原是隋炀帝杨广的行宫。明代洪武十四年（1381），明太祖朱元璋第三子朱㭎为纪念其母后马皇后，在原寺基础上进行了扩建，所以它既是佛教寺庙，又是皇家祖庙。

明代的崇善寺是完全按照标准的宫殿式建筑的格式修建的。中轴线上的金刚殿、天王殿、大雄宝殿、毗卢殿、大悲殿、金灵殿，由南往北一字排开。在各大殿的左、右，又整齐地排列着一系列的小院落。总面积达 14 万平方米。寺内大雄宝殿居中，面宽九间，高达 30 余米。清代同治三年（1864），崇善寺毁于一场大火，现仅存大悲殿、山门、钟楼、东西厢房。

大悲殿坐落于宽厚的台基上，前有月台，成“凸”字形组合。殿身面阔七间，进深四间，重檐歇山顶，乃是中国现存最完整、最标准的明初木构建筑，为研究古代建筑提供了丰富的实物资料。大悲殿前两侧，皆有火劫后所建仿明琉璃瓦亭，左为鼓亭，右为钟

崇善寺

亭。山门东侧，另有大钟楼，上悬明正德元年（1506）铸造大钟，重9999斤，钟声可响遍全市。

大悲殿占地仅900平方米，仅是原崇善寺的几十分之一，它却保存着崇善寺价值连城的三“宝”：第一宝是藏经。这里保存的佛教藏经，数量之多，版本之名贵，在全国是少有的，如我国木刻印刷史上的早期珍贵版本——北宋《崇宁万寿藏》和南宋《碛砂藏》。此外，这里还保存着元版藏经，即元皇庆元年（1312）由民间募资刻印的《普宁藏》等。第二宝是崇善寺内两套壁画临摹本。一套是《释迦世尊应化示迹图》，描绘了释迦牟尼成佛的故事；另一套是

《善财童子五十三参图》，描绘了善财童子参拜诸佛学法的故事。这两套摹本，虽经500余年，但仍鲜艳如初，被人们称为“宝石画”。第三宝是崇善寺内位于大悲殿正面须弥座上的三尊泥塑贴金菩萨立像。这三尊佛像是明洪武年间塑制的。正中是千手千眼观音菩萨像，其左为普贤菩萨像，其右为千手千钵千释迦文殊菩萨像。三尊立像均高8米左右，身姿秀美，面慈目善，造型奇特，雕工细腻，为我国雕塑艺术的珍品。

大悲殿中雍容华贵的明代塑像和琳琅满目的历代藏经都是我国佛教文化史上久负盛名的文化瑰宝。自明代设僧纲司以来，崇善寺又是掌管山西省佛教事务的机关，至今仍是山西省佛教协会的所在地。故崇善寺有着“会城第一丛林”等美誉。

中国佛教发展的见证：五座“阿育王塔”

佛教的真正弘扬，是在公元前3世纪的印度阿育王时期，有强大的政权作后盾，佛教随着军事势力，推行、传播到了印度以外的欧、非各国。相传阿育王曾建造很多佛的舍利塔，并传到中国，称之为“阿育王塔”。据唐代佛教文献《法苑珠琳》记载，阿育王曾在佛教所及之地建造了8.4万座舍利塔，中国现存21座，山西境内就有5座，分别是：

隋并州净明寺塔（今太原市晋源区净明寺舍利塔）

姚秦河东蒲坂塔（今永济市栖岩寺舍利塔前身）

周晋州霍山南塔（今洪洞县广胜寺飞虹塔前身）

齐代州城东古塔（今代县圆果寺阿育王塔）

隋并州榆社县塔（今榆社县大同寺舍利塔）

世界第二大佛：太原西山大佛

太原西山大佛坐落于蒙山北峰之阳，南向，亦称“蒙山大佛”。史籍明确记载北齐天保二年（551）依山凿制，比我国乐山大佛（凿于唐开元元年即公元713年）早162年。西山大佛现场外露胸颈部分，高17.5米，宽25米，颈部直径宽5米。唐代记载“高二百尺”，按唐普通尺计算约合今63米，比大同云冈石窟最高的佛像高近46米，比已被炸毁的阿富汗巴米扬大佛高10米，仅低于我国四川乐山大佛（高71米）8米。若论年代，大佛建成于北齐时期公元551年，至今已经有1500多年的历史，比知名的四川乐山大佛建造时间早162年，是世界最早的露天摩崖石刻大佛。因此，论高度，太原西山大佛是世界第二大佛，论年代则是世界最早的大型石刻佛像。由于年久风雨剥蚀，岩石表层风化严重，况其外露高大的胸颈部剥落之处还长出小树、蒿草，失其原有的风采，致人们不知其为当年巍巍的大佛，立于大佛胸下怀间而不知，无怪以往探佛者慨叹“大佛已不存在了”，“仅遗乱石而已”。

晋阳西山大佛所在的寺院，原为东魏所建的大庄严寺。北齐天保二年（551），高洋赐额“开化”，又称开化寺，并依山凿制佛像，建成上、下二寺，称“大庄严石窟二寺”，可见“西山大佛”当初是称“石窟”的位于上寺之中。隋文帝仁寿初年（602），建起了庇盖大佛的大佛阁，改称“净明寺”。唐武德三年（620），李渊留守晋阳，复名开化寺。显庆五年（660），唐高宗李治和皇后武则天巡幸并州，瞻仰开化寺和童子寺大佛，“礼敬瞻睹，嗟叹稀奇，大舍珍宝财物衣服”，并令并州州官长史窦轨“速庄严备饰圣容”，“开拓龛前地，务令宽广”。武则天和李治回到京城长安后，经两年时间，

蒙山大佛

由皇帝内宫做了两件袈裟，派专使驰马飞送并州，给这两寺大佛像赐披袈裟。袈裟上装饰的金银珠宝大放异彩，“放五色光，流照崖岩，洞烛山川”，“道俗瞻睹，数千万众”，轰动了并州。唐武宗灭佛时，大阁虽然失修破败，但大佛未损。晚唐乾宁二年（895），晋王李克用竭河东之力，“计口随钱，不可胜计”，五年用工三十万，重修了大佛阁。五代后晋开运二年（945），北平王刘智远留守北京（晋阳），又修佛阁。这次重修的庄严阁，高5层，每层13楹，26间，共130间，将200尺高的大佛庇盖于内，可见阁之大。元末（1368），寺毁阁倾，大佛头部掉落，残砖破瓦和山间泥石掩覆了佛像下部。明洪武十八年（1385），晋恭王朱棡只重修了前寺院，称法华寺。显赫了800年的“西山大佛”便从此埋没600余年。旧史籍中曾记载蒙山大佛已“荡然无存”。600多年后，这一历史已有定论的公案，竟让一个人给推翻了。他就是王剑霓。王剑霓的祖父王建屏曾任抗战时期山西佛教协会会长，是山西佛教协会创始人。王剑霓从小就从祖父那里听过很多蒙山大佛的故事。20世纪80年代，在太原南郊文化馆工作的王剑霓参加地名普查时刻意寻找失踪多年的大佛。为寻找蒙山大佛，王剑霓踏遍了整个晋源的西山地区，甚至差点失足掉落悬崖，终于在蒙山发现了五代后晋北平王刘知远《重修蒙山开化庄严阁记》的残碑。而他最终认定当地寺底村的“大肚崖”就是蒙山大佛。1983年，王剑霓在《地名知识》杂志上发表文章《“晋阳西山大佛”遗迹找到了》，引起了中国考古界和佛教界的轰动。湮没在尘土中的大佛端坐于蒙山南麓的石崖之间。宽大的胸肩、修长的双臂从两侧石崖中呼之欲出，残破的半截佛身仍然传达着令人震撼的庄严使命。

自从 1980 年蒙山大佛被发现以来，社会各界有识之士对蒙山大佛给予了高度关注，并通过各种渠道呼吁对大佛进行修复保护和开发。蒙山大佛是世界佛教文化史上的一大奇迹，这样一尊具有 1500 多年历史的摩崖石刻大佛，它所承载的历史文化是其他大佛所无法比拟的，文化研究价值和社会价值是毋庸置疑的。蒙山大佛不仅是太原人的大佛，更是全人类的大佛，是世界摩崖石刻艺术中的精品。

进入 21 世纪，省、市、区各级党委、政府都十分重视蒙山大佛景区的开发，从保护历史文化遗产，打造文化强省、文化强市，建设历史文化名城、铸造城市灵魂与神韵的角度，对修复和保护开发蒙山大佛给予了充分肯定，并想尽各种办法保护这尊极具历史文化价值的珍贵文物。在投入了大量的人力物力之后，历经沧桑的蒙山大佛终于在失踪 600 年后揭开它神秘的面纱。一个既能体现当地地理文化特征，又能满足信众宗教信仰需求的佛教文化旅游胜地已经面世，蒙山大佛已经成为太原、山西甚至中国吸引世界的佛教文化精品。

中国经藏宝地：洪洞广胜寺

广胜寺位于洪洞县（原赵城县）霍山南麓，始建于东汉建和元年（147），原名为俱卢舍寺，是一座有着 1800 多年历史的古刹。

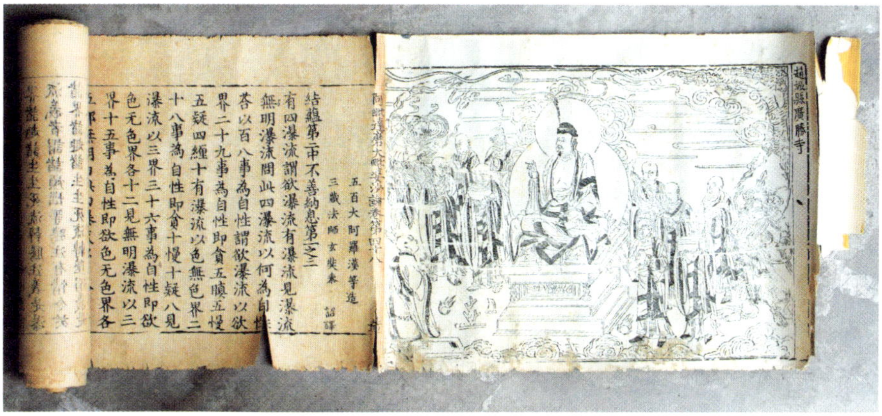

赵城金藏

《赵城金藏》是我国大藏经中的孤本，由山西潞州女子崔法珍断臂募施，30 年后方告竣。《赵城金藏》以我国第一部木刻版汉文大藏经——北宋《开宝大藏经》为底本，复刻于金皇统八年（1148），成书于金大定十八年（1178）。后被供奉在赵城县（今属洪洞县）广胜寺，故称《金藏》、《赵城藏》和《赵城金藏》。《赵城金藏》按《千字文》编号，排成经目号码，始于“天”，终于“几”，每卷卷首加刻有广胜寺刊刻的《释迦说法图》，约 7000 卷。

《赵城金藏》的原刻版式除千字文编次略有更动外，基本是《开宝藏》的复刻本。《赵城藏》基本上保存了《开宝藏》蜀版的原貌，而《开宝藏》和《高丽藏》（《开宝藏》的另一复刻本）初刻印本都早已散失，保存了数千卷《开宝藏》蜀版原貌的《赵城藏》，其神圣的经教意义和珍贵的文献价值是不言而喻的。20 世纪 30 年代，北京三时学会进一步把《赵城藏》中所特有而为其他各版藏经中缺少的孤本佛教经籍 46 种 249 卷，编为上、中、下三集，缩印成 120 册发行。1959 年，西藏萨迦寺北寺图书馆发现 31 种 559 卷卷轴式装帧木刻印本佛经，从其编次、版式、字体、刻工等方面判断，基本上可以肯定是《赵城藏》版的补雕印本，《赵城金藏》的法传意义巨大。

《赵城金藏》是私刻性质，不受任何限制，在蜀版的基础上还收入一些当时北方流行的书。如贤首宗的《合论》、《清疏》等，慈恩宗的《百法义忠疏》、《瑜伽义演》、《瑜伽论记》等，都是珍本。其中《瑜伽论记》依据的底本，还是高丽义天入宋搜罗章疏时发现的草稿，到北宋宣和四年（1122）校定付刊的初刻。此外还保存了几种向来仅见著录的宋代经录，如《祥符法宝录》和《景佑法宝录》，以当时传法院的实录为依据而编纂，不但记载翻译，还涉及求法、贡经、译场职事更迭以及著述入藏，等等，是非常殊胜的佛教史料。

20 世纪初，日本侵略者觊觎《赵城金藏》，引起了具有强烈爱国心的广胜寺僧人的警觉，为防止藏经遭遇不测，他们把 5000 余卷经卷由霍山南麓的广胜寺下寺迁移到山顶上寺，吊运进 13 级琉璃飞虹塔中，并用砖石予以固封，进行集中保管。此后，蒋介石也于 1937 年以“保护藏经”为名，想把《赵城金藏》运往西安，1938 年，阎锡山也提出将《赵城金藏》转移到山西吉县山区。经过僧人、士绅的机智斡旋，《赵城金藏》终得以保全。1942 年，侵华日军闯入寺庙企图趁机抢劫藏经，延安党中央命令太岳区军政领导陈赓、薄一波全力保护《赵城金藏》，决不能让国宝落入日本侵略军之手，遂将 5000 卷藏经全部秘密转移出寺庙，在狼烟烽火中艰难地保全下来。

“大藏经”是佛教典籍汇编而成丛书的总名，是一部百科式的佛教全书，它收集广博，既是佛书，也是涉及哲学、历史、语言、文学、艺术、天文、历算、医药、建筑等领域包罗丰富的古籍，对

广胜寺飞虹塔

中国和世界文化都曾产生过深远的影响。此外，洪洞广胜寺飞虹塔，建于明代，现存塔为明嘉靖六年（1527）重建，天启二年（1622）底层增建围廊。塔八角13层，总高47.31米。塔身青砖砌成，各层皆有出檐。塔身主体墙砖砌，外表镶饰五彩琉璃。塔身中空，内设“之”字形梯道，其设计巧妙，在我国古塔中罕见，是我国现存最完整的大型琉璃古塔。

藏宝佛陀舍利：陵川崇安寺

崇安寺，俗称凌烟寺，位于陵川县城西北隅之卧龙岗。创建年代无考，唐初名“丈八佛寺”，宋太平兴国元年（976）赐名“崇安寺”，沿袭至今。明洪武年间（1368—1398），即在该寺设僧会司（管理佛教僧众的机构），现存规模为明代重修后形成。

崇安寺最壮美的建筑为山门古陵楼，是古代陵川境内规模最大的楼阁式建筑。山门两侧为钟、鼓二楼。钟楼二楼均为重檐歇山顶，脊饰琉璃，顶复布瓦，檐部为琉璃剪边。钟楼内现悬挂宋崇宁元年（1102）所铸铁钟一个，高约2米，直径为1.6米，形制古朴，重约万斤，为寺之瑰宝。传说这口钟响起来，声波可达30里。

两院落之间为过殿，面阔5间，进深6椽，单檐歇山顶，为明代建筑。过殿两侧，原有东西二插花楼，东楼毁于日军之手，现仅存西楼，亦为楼阁式建筑。后院正殿为大雄宝殿，面阔5间，进深8椽，单檐悬顶，亦为明代建筑。后院各有东西配殿7间，两厢各有东西配殿 11 间，为清代翻修之物。崇安寺山门，也称古陵楼。面阔 5 间，进深 3 间，重檐三滴水歇山顶，屋顶装饰全部用琉璃构件。上檐正中，悬挂牌匾一块，书“古陵楼”三个大字。另有牌匾四块，书“行山钟秀”四个大字。山门明间为一石质门框，上刻北宋嘉辛丑年（1061）题记，当为宋代原构件。二楼之外出乎座，形成围廊。围廊上为一塔，上檐与平座之下，使用 7 铺作斗拱，下檐使用 5 铺作斗拱。所有斗拱的蚂蚱头上，多刻龙头、象鼻，体现了明清建筑的重要特征。

史载，后赵开国皇帝石勒死后夜葬于山谷，世人莫知其所，于是传说石勒葬于陵川县城西北角处的崇安寺门东侧，又有人说葬在崇安寺的佛座之下。陵川籍的文学家郝经有诗曰：“都门长啸气凭陵，瓜割中原霸业兴。夜葬山间人不见，至今犹有守坟僧。”

崇安寺的镇寺之宝，那就是佛陀的舍利。毗卢殿后门西墙上嵌有一墙碑，名“佛宝舍利来源录”碑。碑文记载了历史上崇安寺佛宝舍利几度惊现世间的故事。

世界最高的木构佛塔：应县木塔

应县木塔全名为佛宫寺释迦塔，位于山西省应县佛宫寺院内，是佛宫寺的主体建筑。始建于辽清宁二年(1056),金明昌六年(1195)增修完毕。它是我国现存最古老最高大的纯木结构楼阁式建筑，是我国古建筑中的瑰宝、世界木结构建筑的典范。

应县木塔

木塔位于寺南北中轴线上的山门与大殿之间，属于“前塔后殿”的布局。塔建造在4米高的台基上，塔高67.31米，底层直径30.27米，呈平面八角形。第一层立面重檐，以上各层均为单檐，共五层六檐，各层间夹设暗层，实为九层。因底层为重檐并有回廊，故塔的外观为六层屋檐。有人计算，整个木塔共用红松木料3000立方，约2600吨重，整体比例适当，建筑宏伟，艺术精巧，外形稳重庄严。木塔的设计，继承了汉、唐以来富有民族特点的重楼形式，是一座既有民族风格、民族特点，又符合宗教要求的建筑，在我国古代建筑艺术中可以说达到了最高水平，即使现在也有较高的研究价值。

塔内供奉着两颗为全世界佛教界尊崇的圣物佛牙舍利，经考证确认为是释迦牟尼灵牙遗骨。此外，与木塔齐名的是塔内发现的一批极为珍贵的辽代文物，其中以经卷为数较多，有手抄本，有辽代木版印刷本，有的经卷长达30多米，实属国内罕见。

中国最古老的木构佛堂：南禅寺

五台山南禅寺，重建于唐德宗建中三年（782），距今1200多年。唐代是佛教建筑大兴盛时代，但留存至今的唐代木结构建筑只有四座，全部在山西省境内，分别是：五台山南禅寺和佛光寺，平顺县的天台庵和芮城县的广仁王庙。

南禅寺坐北向南，占地面积3078平方米。寺内主要建筑有山门（观音殿）、东西配殿（菩萨殿和龙王殿）和大殿，组成一个四合院式的建筑。大殿为我国现存最古老的一座唐代木结构建筑。寺中唐代雕塑精湛，堪称唐代雕塑艺术的珍品，具有重要的历史价值和艺术价值。

大殿内 17 尊唐塑佛像，都是唐代珍品。殿内有一座佛坛，整个佛像群以释迦牟尼佛为中心，是一个动静结合、各具形态、生动活泼的场面，也是一个尊卑有序、各尽其职、和谐协调的环境。佛

南禅寺

像造型、衣纹简练准确，和谐流畅，一个个栩栩如生，同敦煌莫高窟唐代塑像如出一辙；寺内，须弥座下有唐代砖雕、石塔与石狮，这些塑像也同敦煌莫高窟唐代塑像如出一辙。此外，佛坛四周壶门和叠梁上，雕刻着精美的花纹、花边和莲瓣，是五台山保存的唐代砖雕艺术的杰作。

从规模分析，在鼎盛时期的五台山佛教圣地，南禅寺只是一个名不见经传的乡村小庙，规模狭小，地处偏远，在历经千年兵戎战乱、山洪地震、灭佛运动等天灾人祸袭扰之后，南禅寺侥幸保全，成了现存亚洲最古老的木结构建筑，成就了它今日的辉煌。

中国历代木构建筑博物馆：平顺龙门寺

龙门寺，位于晋东南平顺县石城乡源头村北龙门山腰，因山峦耸峙，谷内夹石凸起，形如龙首，故曰龙门山。因山得名，曰龙门寺。寺院里五代、宋、金、元、明、清六个朝代的建筑同时存在，组成了一个“中国历代木构建筑博物馆”。

寺庙由法聪和尚奉旨创建于北齐天保年间，初名“法华寺”。后唐时有50余间殿宇，宋代增至百余间。宋太祖赵匡胤敕赐寺额为“龙门山惠日院”，又名惠日院。因龙门山形如龙首，于北宋乾德年间更名为“龙门寺”，寺内僧侣已增至300多人。迄元，方圆七里皆属寺庙，元末遭兵燹，多数建筑废圮，明清两代予以重葺和增建。

龙门寺，现存殿堂廊庑布局严谨。中轴线三进院落、东西禅堂、经舍等各成一区。其中前院西配殿为五代后唐同光三年（925）所建，三开间悬山式，殿内无柱，梁枋简洁规整，犹存唐风。五代木构建筑悬山式殿宇仅此一例。大雄宝殿于北宋绍圣五年（1098）建，广深各三间，平面近方形，单檐九脊顶，斗拱五铺作单抄单下昂，斗

龙门寺

拱与梁架结构在一起，共承屋顶负荷。殿顶琉璃脊兽，形制古老，色泽纯朴，为元代烧造。天王殿构造灵活，梁枋断面互不一致，显系金构，后殿三间，悬山式，元代形制，其他殿堂均为明、清重建。龙门寺集后唐、宋、金、元、明、清六代木构建筑于一寺，为中国现存文物中所仅见。

编后语

BIANHOUYU

《山西八大文化品牌》一书是山西人民出版社2011年出版的一部关于山西文化品牌建设的研究性著述，具有很高的学术文化价值。该书出版后，深受各界好评。现在，应广大读者的要求，我们将山西八大文化品牌分册出版，以便阅读使用。

这套丛书是一项集体成果，为了较全面、准确地勾勒出八大文化品牌的内涵和外延，各分册均牢牢把握住“品牌定位”、“品牌内涵”、“品牌亮点”等三个基本内容进行探讨和论述，力求使全套书成为一个有机的整体。

在编著这套丛书的过程中，我们得到了山西省委宣传部和山西人民出版社的指导和支持。山西省委常委、省委宣传部部长胡苏平非常重视丛书的编写，提出明确的要求，并为丛书作序；山西省作家协会党组书记、主席（时任山西省委宣传部副部长）杜学文对丛书提出具体的指导意见，并进行了审定；省委宣传部副部长刘英魁对丛书出版给予了大力指导和支持；省委宣传部计协秘书处处长武献民在探讨各分册理论问题方面倾注了心血，审阅了全部书稿。对此，我们表示诚挚的感谢！

为编写这套丛书，我们邀集了一些领导和专家多次研讨，集思广益，力求不负众望，写出水平。但是，由于八大文化品牌此前的理论基础薄弱，写作多为原创，难度很大，虽经大家相互切磋，苦心研究，丛书仍然会存在遗漏、浅薄甚至谬误之处。我们希望丛书能够得到领导、专家以及读者的批评和指正，使山西八大文化品牌的理论研讨向纵深发展，并在实践活动中取得良好的社会效益和经济效益。

图书在版编目（CIP）数据

佛教圣地／武献民，张惠芝，杨云山著．—太原：山西人民出版社，2016.1
（山西八大文化品牌丛书）
ISBN 978－7－203－09347－3

Ⅰ.①佛… Ⅱ.①武… ②张… ③杨… Ⅲ.①佛教—宗教文化—研究—山西省 Ⅳ.①B949.2

中国版本图书馆 CIP 数据核字（2015）第 263852 号

佛教圣地

著　　者： 武献民　张惠芝　杨云山
责任编辑： 翟丽娟
装帧设计： 谢　成

出 版 者： 山西出版传媒集团·山西人民出版社
地　　址： 太原市建设南路 21 号
邮　　编： 030012
发行营销： 0351－4922220　4955996　4956039　4922127（传真）
天猫官网： http://sxrmcbs.tmall.com　电话：0351－4922159
E—mail： sxskcb@163.com　发行部
sxskcb@126.com　总编室
网　　址： www.sxskcb.com

经 销 者： 山西出版传媒集团·山西人民出版社
承 印 者： 山西出版传媒集团·山西新华印业有限公司

开　　本： 787mm×1092mm　1/16
印　　张： 7.75
字　　数： 83 千字
印　　数： 1－2 000 册
版　　次： 2016 年 1 月　第 1 版
印　　次： 2016 年 1 月　第 1 次印刷
书　　号： ISBN 978－7－203－09347－3
定　　价： 45.00 元